Mein Kalender- und Jahreskreis Lapbook

Doreen Blumhagen

Kopiervorlagen zum Schneiden, Falten und Weitergestalten

Verlag an der Ruhr

Impressum

Titel

Mein Kalender- und Jahreskreis-Lapbook

Kopiervorlagen zum Schneiden, Falten und Weitergestalten

Autorin

Doreen Blumhagen

Umschlagmotive

Minibuch-Bildvorlagen siehe ©-Vermerke im Innenteil,

Lapbookgestaltung Vorderseite: © Sophie Blumhagen,

Fotos Vorderseite/Rückseite, Lapbookgestaltung-Rückseite: © Doreen Blumhagen,

Sonne/Marienkäfer/Schneeflocken/Herbstblätter: © stock.adobe.com/SENRYU,

Schere: © Verlag an der Ruhr

Druck

Heenemann GmbH & Co. KG, Berlin, DE

Verlag an der Ruhr
Mülheim an der Ruhr
www.verlagruhr.de

Geeignet für die Klassen 2–3

ISBN 978-3-8346-4161-8

Inhalt

Methodische und didaktische Hinweise ... 4
Hinweise zum Einsatz des „Mein Kalender- und Jahreskreis-Lapbooks“ ... 5
Übersicht der Kopiervorlagen ... 8
Übersicht der Faltvorlagen ... 9

Kopiervorlagen

Faltanleitung Lapbook ... 12
Deckblatt ... 13
So ist mein Kalender- und Jahreskreis-Lapbook ... 14
So ist dein Kalender- und Jahreskreis-Lapbook ... 15
Infokarten 1–20 ... 16

Die Geschichte des Kalenders ... 26
So viele Kalender! ... 27
Das Datum ... 28
Kalender-Detektiv ... 29
Mein Geburtstagskalender ... 30
Die Monate ... 32
Mein Geburtsmonat ... 33
Der Knöcheltrick ... 34
Das Schaltjahr ... 35
Die Wochentage ... 36
Gestern, heute, morgen ... 37
Mein Wochenplan ... 38
Die Mondphasen ... 39
Mond und Kalender ... 40
Der Lauf des Jahres ... 41
Wann ist Frühling, Sommer, Herbst, Winter? ... 42
Was gehört zu den Jahreszeiten? ... 43
Der Apfelbaum im Jahreskreis ... 45
Was ziehe ich an? ... 46
Gemüsekalender ... 49
Ein Tier im Jahreskreis ... 50
Bewegliche und unbewegliche Feiertage ... 51
Mein Jahreszeiten-Steckbrief ... 52
Feste im Jahreskreis ... 53
Warum gibt es die Jahreszeiten? ... 54
Mein Kalender- und Jahreskreis-Quiz ... 55

Medientipps ... 56

Methodische und didaktische Hinweise

Lapbook – Was ist das?

In einem Lapbook dokumentieren und präsentieren die Kinder ihre Lern- und Arbeitsergebnisse in einer individuellen Entdeckermappe. Diese mehrfach aufklappbaren Mappen enthalten viele verschiedene Minibücher mit Informationen zu einem Gesamtthema. Das Besondere daran ist, dass diese Minibücher z. B. zuerst aufgeklappt, gedreht oder durchgeblättert werden müssen, um die Informationen lesen zu können, wodurch die Neugier beim Lesenden geweckt wird. Solche Minibücher können z. B. kleine Hefte, Drehscheiben, Pop-up-Karten, Umschläge, Leporellos oder Faltbücher sein.

Diese werden von den Kindern selbstständig bastelnd, malend und schreibend zu den Teilthemen gestaltet. Dabei kann es sich z. B. um Zeichnungen, Texte, Grafiken oder Steckbriefe handeln.

Die fertigen Minibücher werden von den Kindern gesammelt und auf einen Tonkarton, meist in der Größe DIN A3, geklebt. Der Tonkarton selbst wird auf DIN-A4-Größe gefaltet. Auf diese Weise entsteht ein großes Buch mit vielen kleinen Büchern. Die Bezeichnung „Lapbook" bedeutet, dass die Mappe nur so groß ist, dass sie auf dem Schoß (engl. „lap") des Kindes Platz hat.

Vorteile eines Lapbooks

Durch die optische Besonderheit und den Bastelaspekt ist die Erstellung eines Lapbooks für die Kinder sehr **motivierend**, da sie die Möglichkeit haben, etwas Einzigartiges und Individuelles zu gestalten.

Die Kinder arbeiten **selbstständig** und setzen sich **vertieft** mit einem Thema auseinander.
Lapbooks können zu **allen Sachthemen**, aber auch **Übungsthemen** des Grundschulunterrichts angefertigt werden.

Die Gestaltung eines Lapbooks kann in **verschiedenen Unterrichtsformen** integriert werden. So ist der Einsatz sowohl als Ergebnissicherung im lehrerzentrierten Unterricht als auch als selbstständige Aufgabe im offenen Unterricht denkbar.

Lapbooks ermöglichen es, Themen **differenziert und individuell** zu erarbeiten. So können leicht unterschiedliche Schwierigkeitsgrade durch Impulse und Aufgabenstellungen gesteuert werden. Die Kinder haben die Möglichkeit, Teilthemen auszuwählen und auf verschiedene Art und Weise zu präsentieren. Sie können leicht eigene Ideen einbringen.

Die Erstellung eines Lapbooks kann in **Einzel-, Partner- oder Gruppenarbeit** erfolgen und eignet sich dadurch auch für den **inklusiven Unterricht**.

Bei der Präsentation eines Lapbooks wird aufgrund des interaktiven Aspekts die **Neugier** bei dem Betrachter geweckt, immer wieder etwas Neues zu entdecken.

Lapbooks sind nach der Erarbeitung auch ideal zum **Lernen und Wiederholen** von Inhalten. Die Lösungen sind durch die Klappen zunächst abgedeckt. Die Kinder nennen die Lösungen und können diese eigenständig durch das Öffnen überprüfen.

Durch die Minibücher können **viele Informationen** zu einem Thema auf **wenig Platz** präsentiert werden. Das Lapbook wird auf DIN-A4-Größe gefaltet und passt, im Gegensatz zu einem herkömmlichen Plakat, in jeden Hefter.

Als praktikabel hat sich die Aufbewahrung in einer Prospekthülle erwiesen.

Hinweise zum Einsatz des „Mein Kalender- und Jahreskreis-Lapbooks"

Thematische Inhalte

In ihrem Kalender- und Jahreskreis-Lapbook sammeln, dokumentieren und präsentieren die Kinder ihre Lern- und Arbeitsergebnisse zu den Lernbereichen Kalender und Jahreszeiten in einer individuellen Entdeckermappe.

31 Faltvorlagen bieten den Kindern Faltanleitungen und Impulse zur selbstständigen Erarbeitung des Themas. Sie lernen den Aufbau des Kalenders, die Wochentage und Monate kennen. Sie können das Datum in verschiedenen Schreibweisen lesen und schreiben und Daten im Kalender suchen.

Sie lernen die wesentlichen Merkmale der Jahreszeiten kennen und beschäftigen sich mit verschiedenen Schwerpunkten wie, Tieren, Festen oder Pflanzen im Jahreskreis.

Die verschiedenen Themen können unterschiedlich miteinander kombiniert und je nach Schwierigkeit in verschiedenen Klassenstufen ab Klasse 2 eingesetzt werden.

Einsatz im Unterricht

1. Präsentieren fertiger Lapbooks

Wenn die Kinder die Lapbook-Methode noch nicht kennen, sollten Sie ihnen bereits fertige Kalender- und Jahreskreis-Lapbooks (von Vorgängerklassen oder ein von Ihnen gestaltetes Lapbook) zum Stöbern und Entdecken zur Verfügung stellen. Sollte dies nicht möglich sein, können Sie auch die Fotos auf S. 11 dieses Materialbandes zeigen.

2. Zielorientierung

Informieren Sie die Kinder darüber, dass Sie gemeinsam mit Ihnen ein Lapbook gestalten möchten. Geben Sie Hinweise zur genauen Vorgehensweise (z. B. Zeitraum, Inhalt, Bewertung).

3. Falten und Gestalten des Lapbook-Umschlags

Falten Sie gemeinsam mit den Kindern den Lapbook-Umschlag. Dafür wählen sich die Kinder Tonkarton in ihrer Lieblingsfarbe aus.

Füllen Sie gemeinsam mit den Kindern die Namensschilder (S. 13) aus. Die Kinder gestalten die Vorlage farbig. Sie wird anschließend auf die Titelseite des Lapbooks geklebt.

4. (Selbstständiges) Arbeiten an den Minibüchern

Die Lapbook-Arbeit kann in Einzel-, Partner-, oder Gruppenarbeit durchgeführt werden. Damit jedes Kind auf das erarbeitete Wissen zurückgreifen kann, sollte es auch während einer Gruppenarbeit ein eigenes Lapbook gestalten.

Die Kinder erarbeiten (je nach gewählter Vorgehensweise) ihre Minibücher begleitend zur Unterrichtseinheit „Kalender und Jahreskreis" und kleben diese in ihr Lapbook ein.

Dabei können Sie methodisch unterschiedlich vorgehen:

- ⇨ Die Kinder gestalten die Minibücher nach der gemeinsamen Erarbeitung als Ergebnissicherung und zur Übung im **lehrerzentrierten Unterricht**.
- ⇨ Die Kinder gestalten die Minibücher **während eines Stationsbetriebs** selbstständig. Dafür wird für einzelne Stationen jeweils ein vorgegebenes Minibuch bearbeitet.
- ⇨ Die Kinder erarbeiten sich die Themen zum Kalender und Jahreskreis in ihrem **individuellen Tempo** im **offenen Unterricht**. Sie erhalten z. B. einen Wochenplan mit den zu bewältigenden Aufgaben.
- ⇨ Die Kinder gestalten ihr Lapbook als **Wiederholung** im nächsten Schuljahr. Dabei werden neue Inhalte ergänzt.

5. Präsentation

Fertige Lapbooks können unterschiedlich präsentiert werden. Zum Beispiel können sie ...

- ⇨ im Klassenzimmer ausgelegt und von den Kindern betrachtet werden.
- ⇨ von den Kindern mithilfe von Impulsfragen kurz vorgestellt werden (Was gefällt mir an meinem Lapbook besonders gut? Was hat mir Spaß gemacht? Was ist mir schwergefallen?).
- ⇨ zum Elternabend den Eltern vorgestellt werden.

6. Leistungseinschätzung

Für die Lapbook-Arbeit bietet sich eine prozess- und ergebnisorientierte Leistungseinschätzung mit einem **Bewertungsbogen** (S. 15) an, um den Kindern eine Rückmeldung zu ihrem Lernprozess zu geben. Folgende **Kriterien** bieten sich für das Kalender- und Jahreskreis-Lapbook an:

- ⇨ Arbeitsverhalten während der Gestaltung
- ⇨ Gestaltung (schneiden, falten, kleben, malen) des Lapbooks
- ⇨ Inhaltliche Erarbeitung (Richtigkeit der Ergebnisse, Finden eigener Aufgaben)

Um die Kinder ebenfalls dazu anzuregen, ihren eigenen Lernprozess zu reflektieren und ihr Lapbook einzuschätzen, bietet sich als Vorgabe ein Bogen zur **Selbstreflexion** an (S. 14).

TIPP: Geben Sie den Selbstbewertungsbogen bereits in den letzten Stunden vor der Abgabe des Lapbooks an die Kinder aus, damit sie die Möglichkeit haben, noch Veränderungen an ihrem Lapbook vorzunehmen. Der Bogen kann, mehrmals gefaltet, mit in das Lapbook geklebt werden.

Der Bewertungsbogen (S. 15) kann auf der Lapbook-Rückseite aufgeklebt werden.

7. Weiterer Einsatz des Lapbooks im Unterricht

Der Vorteil des Lapbooks ist, dass es sowohl bereits während als auch nach der Gestaltung immer wieder zum Lernen der Inhalte eingesetzt werden kann. Bei den Minibüchern werden die Lösungen durch die Klappen zunächst abgedeckt. Die Kinder nennen die Lösungen und können diese durch Öffnen des Minibuchs selbst kontrollieren. Das Üben kann sowohl in Einzel- als auch in Partnerarbeit erfolgen.

Bevor das Lapbook zum Üben eingesetzt wird, sollten Sie die eingetragenen Ergebnisse auf Richtigkeit überprüfen!

Folgende Möglichkeiten gibt es, das Lapbook im Unterricht einzusetzen:

- ⇨ Die Aufgaben werden als tägliche Übung zu Beginn einer Stunde in Einzelarbeit geübt.
- ⇨ Die Kinder fragen sich während einer Übungsphase gegenseitig ab.

TIPP: Damit das Lapbook immer zur Verfügung steht, bietet es sich an, es in einer dickeren Prospekthülle im Hefter aufzubewahren.

Benötigtes Material

Material für den Umschlag

- ⊙ mind. 1 farbiger DIN-A3-Karton je Kind
- ⊙ mind. 1 farbiges DIN-A4-Kopier- oder Tonpapier
- ⊙ DIN-A4-Tonkarton und Tonkartonreste zum Ankleben von zusätzlichen Klappen.

TIPP: Für das Anbringen von Klappen eignet sich am besten breites Papier- oder Stoffklebeband (z. B. farbiges Malerkrepp). Rechnen Sie damit, dass die Kinder beim Befestigen der Klappen Ihre Hilfe benötigen.

Wenn Sie sehr viele Minibücher mit den Kindern umsetzen möchten, sollten Sie zwei Umschläge in Grundfaltung an den Seitenklappen zusammenkleben. Auf diese Weise können die Inhalte auch optisch strukturiert werden, indem in einen Umschlag alle Minibücher zum Kalender und in den anderen alle Minibücher zum Jahreskreis geklebt werden.

Material für die Minibücher

Für die Gestaltung der meisten Faltvorlagen benötigen die Kinder **Kleber, Schere sowie Bunt- und Schreibstifte**. Für Drehelemente werden außerdem oft **Musterbeutelklammern** eingesetzt. Es bietet sich zudem an, ein **Heftgerät** zur Verfügung zu stellen. Benötigtes Zusatzmaterial wird in der Gesamtübersicht (S. 8–10) aufgeführt.

TIPP: Um den Kindern das Falten der Minibücher zu erleichtern, können Sie Muster vorbasteln und als Anschauungsbeispiel (ohne Inhalt) zur Verfügung stellen. Diese können Sie z. B. auf einem Plakat, in mehreren Lapbooks oder auf Karteikarten zentral im Klassenzimmer bereitstellen.

Infomaterial

Im Materialteil finden Sie 20 Infokarten, mit denen sich die Kinder das notwendige Wissen für die thematischen Aufgabenstellungen erarbeiten können.

Werden die Infokarten für eine Faltvorlage benötigt, ist dies auf der Kopiervorlage angegeben.

TIPP: Vergrößern und laminieren Sie die Infokarten im DIN-A4-Format.

Für die inhaltliche Erarbeitung können Sie auch mit dem in der Klasse üblichen Unterrichtsmaterial, wie Lehrbüchern, Arbeitsheften oder Karteien, arbeiten. Auch die Kombination mit einer interaktiven Tafel ist möglich.

Kalender

Um den Umgang mit Kalendern einzuüben, ist es notwendig, dass die Kinder mit aktuellen Kalendern arbeiten können. Dazu empfiehlt es sich, ihnen als Anschauungsbeispiel und zum Entdecken mindestens einen Tages-, Wochen-, Monats- und Jahreskalender zur Verfügung zu stellen. Die Kinder können auch Kalender von zu Hause mitbringen, sodass eine Kalenderausstellung im Klassenzimmer gemacht werden kann.

TIPP: Außerdem empfiehlt es sich, dass die Kinder für die Suchaufträge im Kalender einen eigenen Jahreskalender zum Üben, Markieren und Eintragen haben. Dieser kann z. B. wie ein Leporello gefaltet und mit ins Lapbook der Kinder geklebt werden. Kostenlose Jahreskalender sind z. B. im Internet zum Download zu finden.

Wird ein aktueller Kalender für eine Faltvorlage benötigt, ist dies auf der Kopiervorlage angegeben.

Legende der verwendeten Linien und Symbole:

Hier musst du schneiden, falten und kleben.

Für diese Aufgabe brauchst du eine Infokarte.

Für diese Aufgabe brauchst du einen aktuellen Kalender.

Bitte in Büchern oder im Internet nachsehen.

Klebeflächen: *Klebefläche Lapbook*

Schneidelinie:

Faltlinie:

Kreis für Musterbeutelklammer:

Ansatzstellen für Heftgerät:

Übersicht der Kopiervorlagen

Allgemeine Vorlagen

Material	Beschreibung	Verwendungsmöglichkeiten	Zusatzmaterial
Faltanleitung Lapbook (S. 12)	Anleitung zum Falten eines einfachen Umschlags	➜ Kopien für die Kinder ➜ gemeinsames Falten beim erstmaligen Gestalten eines Lapbooks	für jedes Kind: ➜ mind. ein farbiger DIN-A3-Karton ➜ mind. ein farbiges DIN-A4-Blatt
Deckblatt (S. 13)	Vorlagen für das Deckblatt mit Titel, Name, Klasse, Datum	➜ Kopien für die Kinder ➜ Vorlage als Beispiel	evtl. zusätzliches Bild- und Gestaltungsmaterial
So ist mein Kalender- und Jahreskreis-Lapbook (S.14)	Einschätzung ihres eigenen Lernprozesses durch die Kinder während der Erstellung bzw. nach Fertigstellung des Lapbooks	➜ Kopien für die Kinder ➜ Selbsteinschätzung der Lapbook-Arbeit durch die Kinder anhand von Smileys **Tipp:** 2-mal mittig falten und als Minibuch mit in das Lapbook kleben	
So ist dein Kalender- und Jahreskreis-Lapbook (S. 15)	Einschätzungsbogen zum prozess- und ergebnisorientierten Bewerten des Lapbooks	➜ Bewertungskriterien vorher besprechen **Tipp:** Bewertungsbogen auf die Rückseite des Lapbooks kleben	

Infokarten (S. 16–25)

Nr.	Thema	Verwendungsmöglichkeiten	Benötigtes Zusatzmaterial
Infokarte 1	Die Entstehung des Kalenders	➜ Sachtexte und Methodenkarten für die Bearbeitung der Minibücher ➜ Karten möglichst auf DIN A4 kopieren und zum mehrmaligen Gebrauch laminieren (evtl. vorher farbig ausmalen) ➜ zur selbstständigen Erarbeitung im Klassenzimmer als Kartei zur Verfügung stellen oder als Kopie für die Kinder ausgeben	➜ Laminierfolien oder Prospekthüllen ➜ Karteikasten
Infokarte 2	So viele Kalender!		
Infokarte 3	Das Datum		
Infokarte 4	Die Monate		
Infokarte 5	Die Namen der Monate		
Infokarte 6	Der Knöcheltrick		
Infokarte 7	28. oder 29. Februar?		
Infokarte 8	Die Wochentage		
Infokarte 9	Mond und Kalender		
Infokarte 10	Der Lauf des Jahres		
Infokarte 11	Die Jahreszeiten: Frühling		
Infokarte 12	Die Jahreszeiten: Sommer		
Infokarte 13	Die Jahreszeiten: Herbst		
Infokarte 14	Die Jahreszeiten: Winter		
Infokarte 15	Der Apfelbaum im Jahreskreis		
Infokarte 16	Saisonkalender für Gemüse		
Infokarte 17	Der Igel im Jahreskreis		
Infokarte 18	Feste im Jahreskreis		
Infokarte 19	Wann beginnt und endet das Jahr?		
Infokarte 20	Warum gibt es die Jahreszeiten?		

Übersicht der Faltvorlagen

Faltvorlage	Inhaltliche Schwerpunkte	Hinweise	Zusatzmaterial (Lehrer)
Die Geschichte des Kalenders (S. 26)	➔ geschichtliche Entwicklung des Kalenders kennenlernen ➔ Grundlage unseres gregorianischen Kalenders kennen		➔ Infokarte 1 ➔ Heftgerät
So viele Kalender! (S. 27)	➔ Kennen des Tageskalenders, Wochenkalenders, Monatskalenders und Jahreskalenders ➔ Aufbau und Anwendungsgebiete der Kalenderarten benennen ➔ weitere Kalenderarten vorstellen	Wenn möglich, sollten den Kindern die verschiedenen Kalenderarten zum Anschauen zur Verfügung stehen.	➔ Infokarte 2 ➔ Tages-, Wochen-, Monats- und Jahreskalender zur Ansicht
Das Datum (S. 28)	➔ Schreibweisen für Datumsangabe kennen ➔ das aktuelle Datum und das eigene Geburtsdatum in verschiedenen Schreibweisen notieren		➔ Infokarte 3 ➔ Klassenliste mit Geburtsdaten der Kinder
Kalender-Detektiv (S. 29)	➔ Suchaufträge mithilfe des aktuellen Jahreskalenders beantworten ➔ Umgang mit dem Kalender üben	Aktuelle Jahreskalender zum kostenlosen Download finden Sie im Internet. Der Jahreskalender kann wie ein Leporello gefaltet und mit in das Lapbook eingeklebt werden.	aktueller Jahreskalender
Mein Geburtstagskalender (S. 30/31)	➔ Abkürzungen der Monate kennen und ergänzen ➔ Reihenfolge der Monate sortieren ➔ Geburtstage in den Kalender eintragen		➔ Heftgerät ➔ Klassenliste mit Geburtstagen der Klasse
Die Monate (S. 32)	➔ Namen und Reihenfolge der Monate kennen ➔ Ordnungszahlen der Monate kennen		Infokarte 4
Mein Geburtsmonat (S. 33)	➔ Geburtstagsmonat in einem Steckbrief vorstellen ➔ Arbeit mit dem Kalender		➔ Infokarte 5 ➔ aktueller Monatskalender
Der Knöcheltrick (S. 34)	➔ Tagesanzahl der Monate mithilfe des Knöcheltricks herausfinden und bestimmen ➔ Knöcheltrick erklären		Infokarte 6
Das Schaltjahr (S. 35)	➔ Begründung für das Schaltjahr kennen ➔ unterschiedliche Tagesanzahl im Februar kennen ➔ vergangenes/nächstes Schaltjahr herausfinden	Wenn möglich, sollten die Kinder die Schaltjahre selbst am PC recherchieren. Schaltjahre waren/sind: 2016, 2020, 2024, 2028	➔ Infokarte 7 ➔ PC mit Internetanschluss
Die Wochentage (S. 36)	Anzahl, Reihenfolge und Stellung der Wochentage kennen		➔ Infokarte 8 ➔ Musterbeutelklammer ➔ Locher
Gestern, heute, morgen (S. 37)	➔ Abkürzungen der Wochentage kennen und ergänzen ➔ Reihenfolge der Wochentage kennen und in zeitlichen Kontext einordnen (vorgestern, gestern, heute, morgen, übermorgen)		➔ Infokarte 8 ➔ Musterbeutelklammer

Faltvorlage	Inhaltliche Schwerpunkte	Hinweise	Zusatzmaterial (Lehrer)
Mein Wochenplan (S. 38)	persönliche regelmäßige und einmalige Termine in einen Wochenplan einschreiben		
Die Mondphasen (S. 39)	Bedeutung des Mondes und der Mondphasen kennenlernen		→ Infokarte 9 → Musterbeutelklammer
Mond und Kalender (S. 40)	→ Bedeutung des Mondes und der Mondphasen für die Einteilung des Monats in Wochen kennenlernen → Herkunft des Namens „Monat" kennen		Infokarte 9
Der Lauf des Jahres (S. 41)	Einteilung des Jahres in verschiedene Abschnitte kennen		Infokarte 10
Wann ist Frühling, Sommer, Herbst, Winter? (S. 42)	→ Monate der einzelnen Jahreszeiten kennen → Beginn der Jahreszeiten kennen		Infokarten 11–14
Was gehört zu den Jahreszeiten? (S. 43/44)	→ Jahreszeitenbilder den einzelnen Jahreszeiten zuordnen → eigene Beispiele zu den Jahreszeiten finden		Infokarten 11–14
Der Apfelbaum im Jahreskreis (S. 45)	Veränderungen des Apfelbaums im Laufe des Jahres kennen und zeichnen		Infokarte 15
Was ziehe ich an? (S. 46–48)	→ jahreszeitengerechte Kleidung zuordnen und selbst entwerfen → richtige Kleidung in den Jahreszeiten begründen	Vorlage für Anziehpuppen evtl. auf festeres Papier kopieren	
Gemüsekalender (S. 49)	→ Saisonkalender für Gemüse lesen können (Tabelle) → Gemüsesorten den einzelnen Monaten zuordnen		→ Infokarte 16 → Musterbeutelklammer
Ein Tier im Jahreskreis (S. 50)	das Leben eines Tieres in den Jahreszeiten vorstellen	Die Kinder haben die Möglichkeit, den Igel im Jahreskreis vorzustellen oder ein eigenes Tier selbstständig zu recherchieren.	→ Infokarte 17 → evtl. Tierbücher, Lehrbücher, PC mit Internetanschluss
Bewegliche und unbewegliche Feiertage (S. 51)	→ Unterscheidung von Festen mit beweglichen und unbeweglichen Daten im Jahreskreis → Suchen von Daten und Festen im Kalender		→ Infokarte 18 → aktueller Kalender
Mein Jahreszeiten-Steckbrief (S. 52)	eine Jahreszeit anhand verschiedener Schwerpunkte vertieft vorstellen: Wetter, Pflanzen, Tiere, Menschen, Feste		→ Infokarten 11-14 → aktueller Kalender
Feste im Jahreskreis (S. 53)	→ Silvester und Neujahr als Beginn und Ende des Jahres kennen → Bräuche zum Jahreswechsel kennen → Lieblingsfest vorstellen und erzählen, wie es persönlich gefeiert wird		→ Infokarte 19 → aktueller Kalender
Warum gibt es die Jahreszeiten? (S. 54)	Bedeutung der Sonne für die Entstehung der Jahreszeiten kennen und anhand eines Modells erklären		→ Infokarte 20 → Musterbeutelklammern
Mein Kalender- und Jahreskreis-Quiz (S. 55)	eigene Quizfragen zu den erarbeiteten Inhalten zum Kalender- und Jahreskreis mit Antworten formulieren		→ Musterbeutelklammer → aktueller Kalender

Kopiervorlagen

Faltanleitung Lapbook

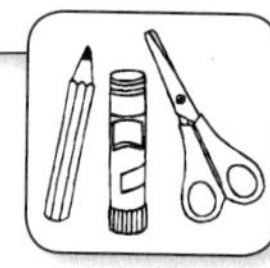

Du brauchst:

- 1 farbigen A3-Tonkarton
- 1 farbiges A4-Kopierpapier
- Klebeband
- Tonkartonreste
- Kleber
- Schere

① Falte den A3-Tonkarton in der Mitte.
② Öffne den Tonkarton wieder. Falte nun beide Seiten zur Mitte.
③ Klebe ein farbiges A4-Kopierpapier in die Mitte.
④ Wenn du mehr Platz benötigst, klebst du mit Klebeband weitere Klappen an.
⑤ Du kannst auch mehrere Lapbooks an den Seitenklappen aneinanderkleben.

①

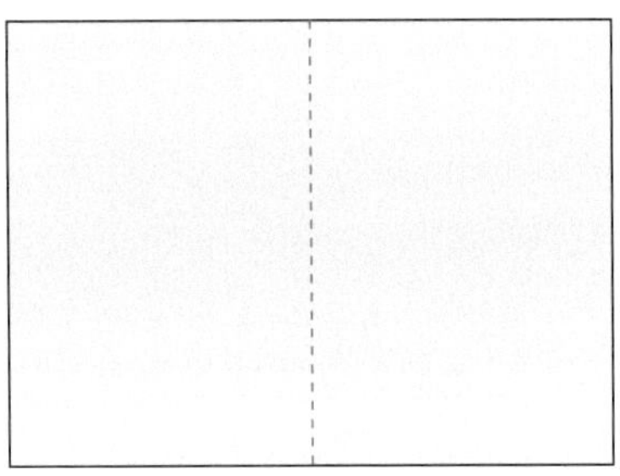

②

③

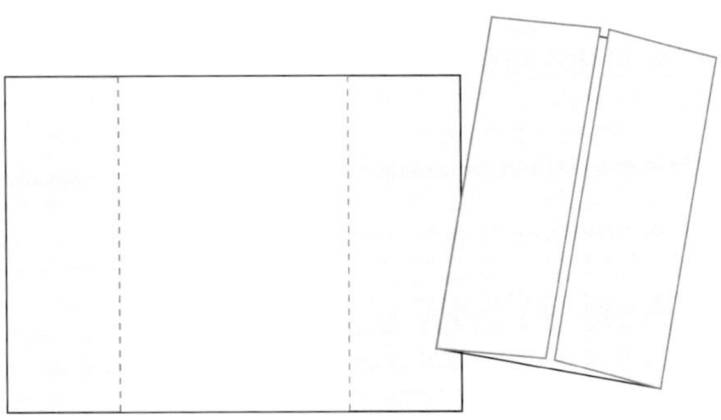

④

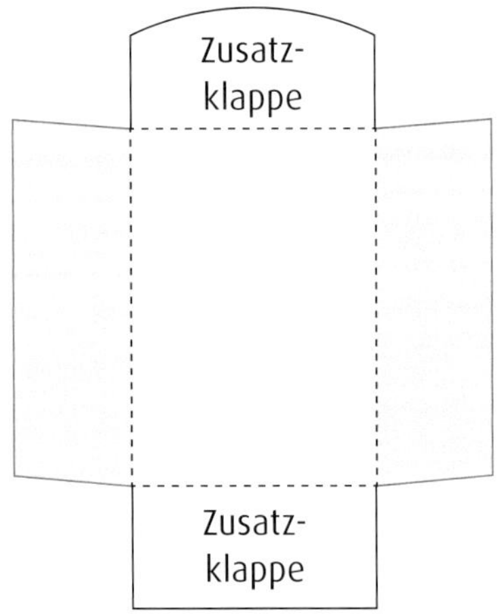

⑤

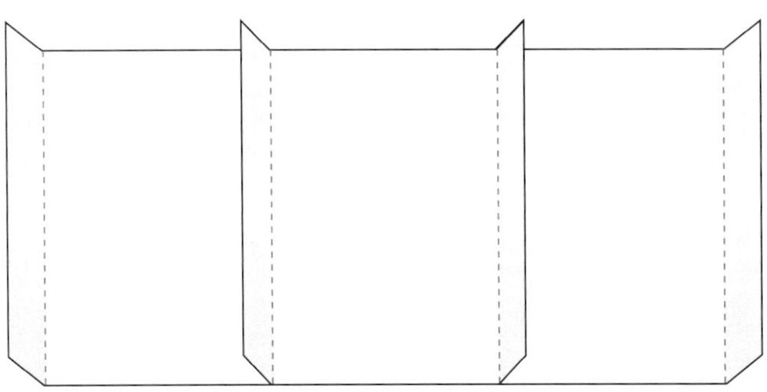

Deckblatt

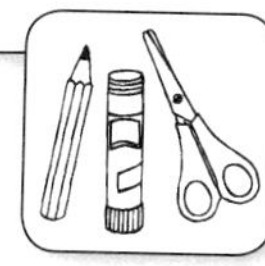

Mein Kalender- und Jahreskreis-Lapbook

Abb.: © Dorothee Wolters

Name: ....

....

Klasse: ....

Datum: ....

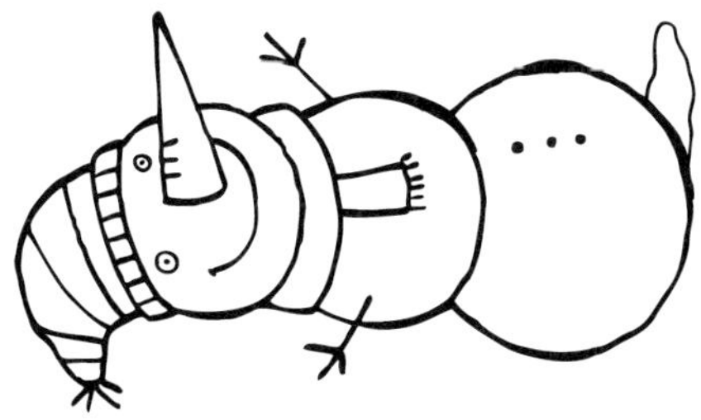

Abb.: © Anja Boretzki

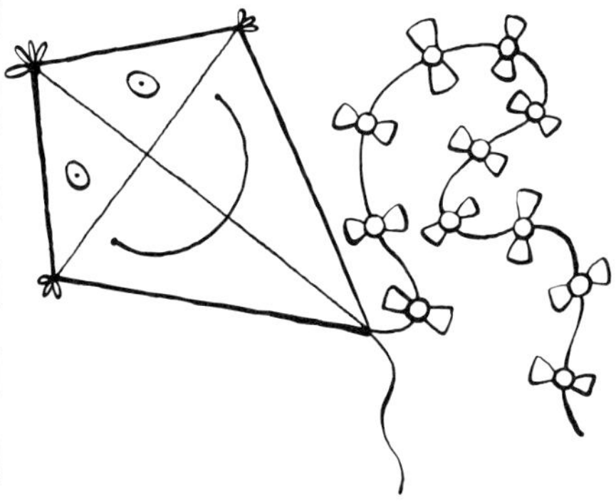

Abb.: © Anja Boretzki

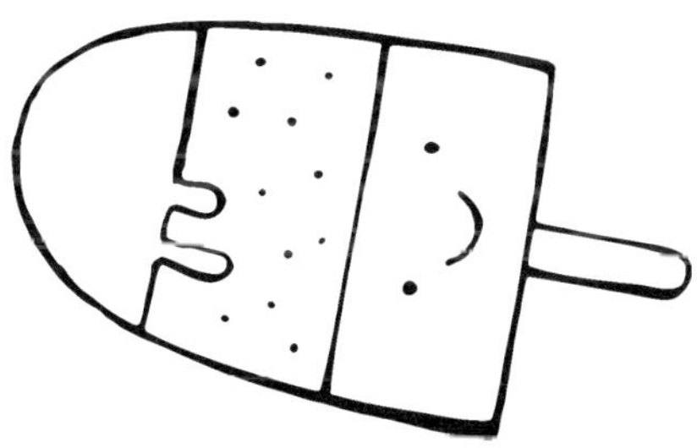

Abb.: © Anja Boretzki

① Schneide die linke Vorlage aus und klebe sie auf die Titelseite deines Lapbooks.

❷ **Ergänze hier deinen Namen, deine Klasse und das Datum.**

❸ **Gestalte die Titelseite passend zum Kalender und den Jahreszeiten. Verwende dafür auch die Bilder auf dieser Seite.**

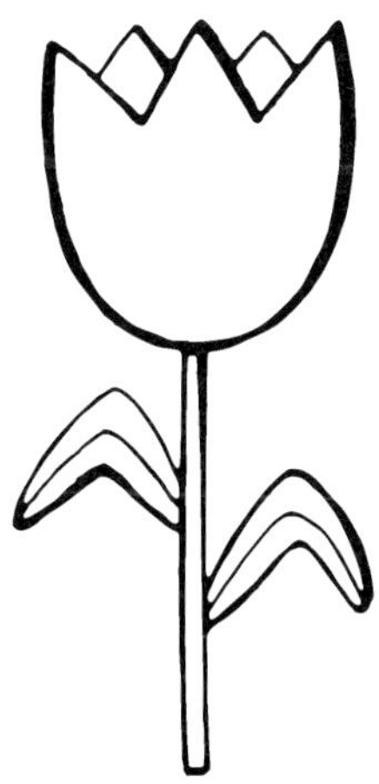

Abb.: © Anja Boretzki

So ist mein Kalender- und Jahreskreis-Lapbook

Name: .... Klasse: .... Datum: ....

Schätze ein, wie du die einzelnen Aufgaben erfüllt hast.

Ich habe meine Minibücher sauber ausgeschnitten, gefaltet und geklebt. ☺😐☹

Ich habe ordentlich geschrieben, ausgemalt oder gemalt. ☺😐☹

Ich habe meinen Umschlag zum Thema gestaltet. ☺😐☹

Ich habe mich an unsere Arbeitsregeln gehalten. ☺😐☹

Ich kenne verschiedene Kalender und kann mit ihnen arbeiten. ☺😐☹

Ich kenne die Wochentage und weiß, wie viele Tage eine Woche hat. ☺😐☹

Ich kenne die Monatsnamen und weiß, wie viele Tage sie haben. ☺😐☹

Ich kann das Datum lesen und schreiben. ☺😐☹

Ich kenne die Jahreszeiten genau. ☺😐☹

Das kann ich dem Jahreskreis zuordnen: ☺😐☹

O Ereignisse und Feste
O Veränderungen von Pflanzen
O Verhalten von Tieren
O Tätigkeiten und richtige Kleidung

Ich habe mir Zusatzwissen zum Kalender und Jahreskreis erarbeitet. ☺😐☹

O Geschichte des Kalenders
O Bedeutung von Sonne und Mond

Das ist mir schwergefallen:

....

....

Das ist mir leichtgefallen:

....

....

So gefällt mir mein Lapbook insgesamt: ☺😐☹

So ist dein Kalender- und Jahreskreis-Lapbook

☺ = meistens (2 Punkte) 😐 = teilweise (1 Punkt) ☹ = nie (0 Punkte)

Name: .... Klasse: .... Datum: ....

	Punkte	Bemerkung
Arbeitsweise		
Du hast selbstständig gearbeitet.	☺ 😐 ☹	
Du hast unsere Regeln eingehalten.	☺ 😐 ☹	
Gestaltung		
Du hast sauber ausgeschnitten, gefaltet und geklebt.	☺ 😐 ☹	
Du hast deinen Umschlag zum Thema gestaltet.	☺ 😐 ☹	
Du hast ordentlich geschrieben, gemalt und geklebt.	☺ 😐 ☹	
Inhalt		
Du kennst verschiedene Kalender und kannst damit umgehen.	☺ 😐 ☹	
Du kennst die Wochentage und weißt, wie viele Tage eine Woche hat.	☺ 😐 ☹	
Du kennst die Monate und weißt, wie viele Tage sie haben.	☺ 😐 ☹	
Du kannst das Datum lesen und schreiben.	☺ 😐 ☹	
Du kennst die Jahreszeiten genau.	☺ 😐 ☹	
Du kannst dem Jahreskreis zuordnen: O Ereignisse und Feste O Veränderungen von Pflanzen O Verhalten von Tieren O Tätigkeiten und richtige Kleidung	☺ 😐 ☹	
Du kennst Zusatzwissen zum Kalender und Jahreskreis: O Geschichte des Kalenders O Bedeutung von Sonne und Mond	☺ 😐 ☹	
Du hast eigene Ideen und Bilder ergänzt.	☺ 😐 ☹	
Selbsteinschätzung		
Du schätzt dein Lapbook gut ein.	☺ 😐 ☹	

Das ist besonders toll an deinem Lapbook:	
Diesen Tipp habe ich für dich:	

So gefällt mir dein Lapbook insgesamt: ☺ 😐 ☹ Note: ....

Infokarten

Die Entstehung des Kalenders

Infokarte 1

Die ersten Kalender sind bereits 5 000 Jahre alt und stammen aus Ägypten. Bei der Kalendereinteilung orientierten sich die Menschen an der Sonne, am Mond und an den Sternen. So gibt es Sonnenkalender, Mondkalender und Sternenkalender.

Unser Kalender orientiert sich an der **Sonne**:
Die Erde umkreist die Sonne. Dazu braucht die Erde 365 bis 366 Tage. Die Erde dreht sich auch um sich selbst. Für eine Drehung braucht sie 24 Stunden, also 1 Tag.

Wir nennen unseren Kalender den **gregorianischen Kalender**. Das liegt daran, dass **Papst Gregor XIII.** im Jahr 1582 den damals geltenden julianischen Kalender von Julius Cäsar veränderte. Julius Cäsar hatte den Kalender schon vor der Geburt Jesu eingeführt. Dabei hat Cäsar sich jedoch verrechnet. Denn sein Kalender passte nicht zu der Länge des Sonnenjahres. Um diesen Fehler zu beseitigen, beschloss der Papst, 10 Tage im Kalender zu löschen: Im Jahr 1582 folgte auf den 4. Oktober gleich der 15. Oktober.
Der Papst verbesserte den Kalender noch mehr:
Er erklärte den 1. Januar zum Jahresbeginn und führte das Schaltjahr ein.

So viele Kalender!

Infokarte 2

Es gibt verschiedene **Kalenderarten**.

Abb.: © Verlag an der Ruhr

Tageskalender sind selten.
Sie haben 365 Kalenderblätter.
Für jeden Tag im Jahr ein Blatt.

Abb.: © Dorothee Wolters

Viele Leute haben einen **Monatskalender** zu Hause. Er hat 12 Kalenderblätter. Für jeden Monat ein Blatt.

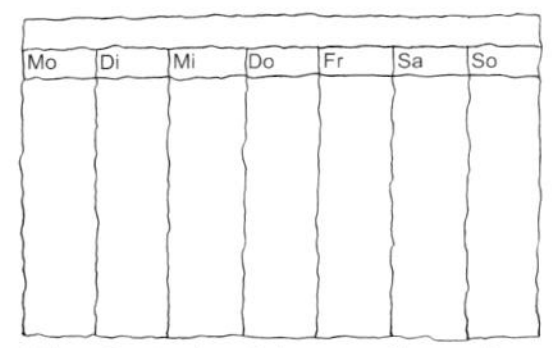

Abb.: © stock.adobe.com/duesselmax

Ein **Wochenkalender** hat 52 Kalenderblätter. Für jede Woche ein Blatt. Dein Hausaufgabenheft ist wie ein Wochenkalender.

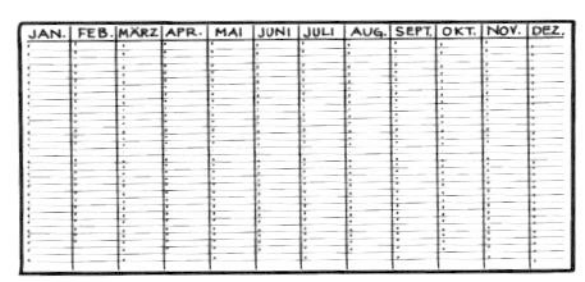

Abb.: © Dorothee Wolters

Der **Jahreskalender** gibt dir einen guten Überblick über alle Tage im Jahr. Er hat nur ein Kalenderblatt für das gesamte Jahr.

Es gibt noch viele **andere Kalender**: Geburtstagskalender, Adventskalender, Schülerkalender, Gartenkalender, Abfallkalender, Taschenkalender …

© Verlag an der Ruhr | Autorin: Doreen Blumhagen | Illustrationen Icon: Anja Boretzki | ISBN 978-3-8346-4161-8 | www.verlagruhr.de

Infokarten

Das Datum

Infokarte 3

Das Datum zeigt dir, welchen **Tag**, welchen **Monat** und welches **Jahr** wir gerade haben.

Es wird auf verschiedene Arten geschrieben:

Datum mit Ziffern:

20.11.2019

Tag Monat Jahr

Abb.: © Anja Boretzki

Datum mit ausgeschriebenem Monat:

20. November 2019

Tag Monat Jahr

Datum mit verkürzter Jahreszahl:

20.11.19

Datum mit Angabe des Wochentags:

Mittwoch, der 20.11.2019

Die Monate

Infokarte 4

Es gibt **12 Monate**.
Jeder Monat kann auch durch eine **Ordnungszahl** angegeben werden:

1. Januar	2. Februar	3. März
4. April	5. Mai	6. Juni
7. Juli	8. August	9. September
10. Oktober	11. November	12. Dezember

Der Monat hat seinen Namen vom „Mond".
Der Mond braucht etwa 1 Monat, um die Erde einmal zu umkreisen. So wurde früher die Länge der Monate nach den Mondphasen bestimmt: 1 Monat dauerte also von Vollmond zu Vollmond.

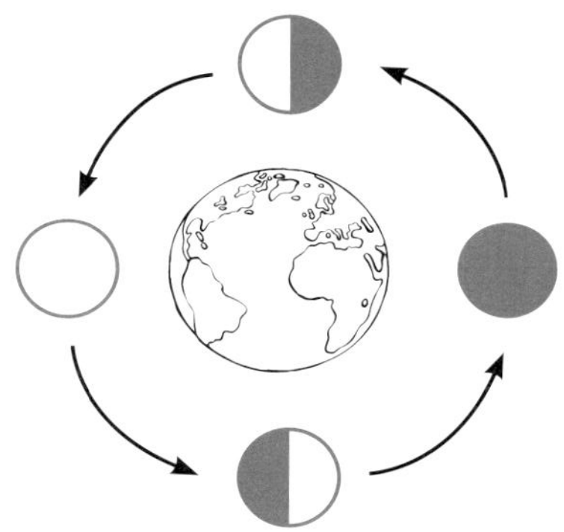

Abb. Erde: © Anja Boretzki

Infokarten

Die Namen der Monate

Infokarte 5

Januar kommt vom römischen Gott Janus, dem Gott der Türen und Tore. Januar steht damit für den Eingangsmonat.

Februar kommt vom Reinigungsfest „februa“ des alten Roms.

März kommt vom römischen Gott des Krieges und Wetters „Mars“.

April kommt vermutlich von dem lateinischen Wort „aperire“. Das bedeutet „öffnen“. Im April öffnen sich die ersten Knospen.

Mai kommt vom römischen Gott „Maius“, dem Gott des Wachstums.

Juni kommt von der römischen Göttin Juno, der Schutzgöttin der Ehe.

Juli war der Geburtsmonat des römischen Kaisers Julius Cäsar.

August kommt vom 1. römischen Kaiser Augustus.

Im römischen Kalender hatten die Monate eine andere Zählung:

September war der siebte Monat. „Sieben“ heißt auf lateinisch „septem“.

Oktober war der achte Monat. „Acht“ heißt auf lateinisch „octo“.

November war der neunte Monat. „Neun“ heißt auf lateinisch „novem“.

Dezember war der zehnte Monat. „Zehn“ heißt auf lateinisch „decem“.

Der Knöcheltrick

Infokarte 6

Die Monate haben 30 oder 31 Tage.
Nur der Februar hat 28 oder 29 Tage. Das musst du dir merken!

Mit dem Knöcheltrick kannst du ganz leicht herausfinden, ob ein Monat 30 oder 31 Tage hat: Balle zuerst deine linke Hand zu einer Faust. Durch deine Knöchel entstehen Berge und Täler. Sage die Monate leise an und tippe dabei immer abwechselnd auf den Berg (31 Tcge) und das Tal (30 Tage).

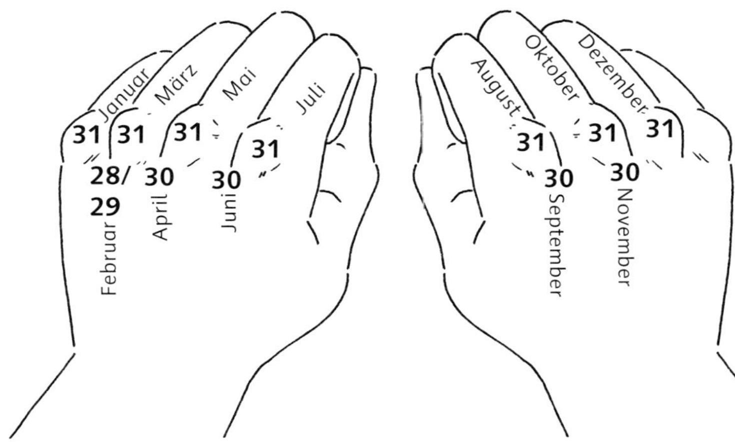

Abb.: © Eva Spanjardt

Infokarten

28. oder 29. Februar?

Infokarte 7

Normalerweise hat der Februar 28 Tage.
Aber alle **4 Jahre** hat der Februar **29 Tage**.
Dann haben wir ein **Schaltjahr**.

Das Schaltjahr wurde erfunden, weil ein Jahr nicht genau 365 Tage hat.
Ganz genau hat jedes Jahr nämlich 365 Tage und 6 Stunden.
Im Laufe der Zeit würden sich deshalb sogar die Jahreszeiten verschieben.
Die Menschen haben sich deshalb überlegt, dass sie den Februar alle 4 Jahre um einen Tag verlängern, denn 6 Stunden · 4 = 24 Stunden, das ergibt einen ganzen Tag.
So hat der Februar 29 Tage und das Schaltjahr 366 Tage.

Tipp:
Auf www.fragfinn.de findest du heraus, in welchen Jahren es ein Schaltjahr gibt.

Die Wochentage

Infokarte 8

Unsere Woche hat **7 Tage**: *Montag, Dienstag, Mittwoch, Donnerstag, Freitag, Samstag* (auch Sonnabend genannt) und *Sonntag*.

Die Wochentage werden oft mit den ersten beiden Buchstaben abgekürzt:

Mo. → Montag	Di. → Dienstag	Mi. → Mittwoch
Do. → Donnerstag	Fr. → Freitag	Sa. → Samstag
So. → Sonntag		

Woher bekamen die Wochentage ihre Namen?
An einigen Wochentagen kannst du es bereits am Namen erkennen:
Der **Mittwoch** ist die Mitte der Woche.
Der **Sonntag** ist der Tag der Sonne.
Der **Montag** hat seinen Namen vom Mond.

Die anderen Wochentage wurden nach den Göttern der Germanen benannt:
Im Wort **Dienstag** versteckt sich der Gott des Kampfes und Sieges „Tyr".
Der Gott des Donners gab dem **Donnerstag** seinen Namen.
Der **Freitag** wurde nach der Göttin Freya benannt.

Der **Samstag** leitet sich vom jüdischen Feiertag Sabbat ab.

Infokarten

Mond und Kalender

Infokarte 9

Der Mond leuchtet, weil er von der Sonne angestrahlt wird. Er kreist um die Erde. Die Erde dreht sich gleichzeitig um sich selbst. So sehen wir das Sonnenlicht, das den Mond anstrahlt, nicht immer von der Erde aus. Der Mond sieht daher für uns jeden Tag etwas anders aus. Wir unterscheiden deshalb verschiedene **Mondphasen**: (1) Neumond, (2) Halbmond, (3) Vollmond, (4) Halbmond. Die Menschen im Altertum nutzten den Mond zur Einteilung der Zeit. Der Mond braucht von einer Mondphase zur nächsten etwa 7 Tage. Wahrscheinlich legten die Menschen deshalb fest, dass eine Woche 7 Tage hat.

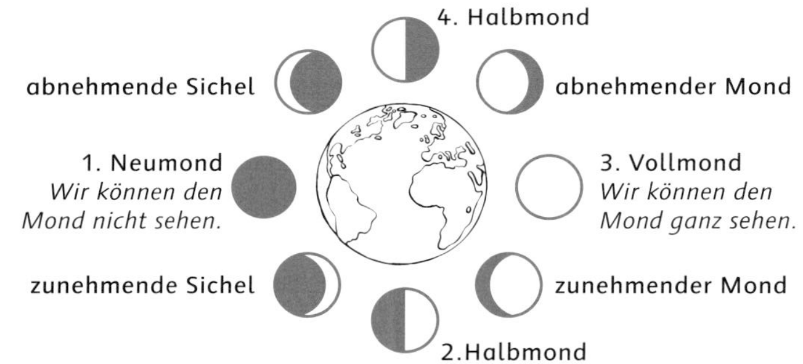

Abb. Erde: © Anja Boretzki

Eine andere Erklärung sagt, dass jeder Wochentag nach einem Himmelskörper benannt wurde, den die Menschen damals kannten. Der Montag ist z. B. der Tag des Mondes. Dass der Mond einmal etwas mit der Dauer eines Monats zu tun hatte, erkennst du schon am Wort „Monat“. Früher legten die Menschen fest, dass ein Monat immer von Vollmond bis Vollmond dauerte.

1 Monat hatte also 7 + 7 + 7 + 7 Tage = 4 Wochen.

Der Lauf des Jahres

Infokarte 10

Jedes Jahr hat **4 Jahreszeiten**: *Frühling*, *Sommer*, *Herbst* und *Winter*.

Ein Jahr teilt sich in **12 Monate**: *Januar*, *Februar*, *März*, *April*, *Mai*, *Juni*, *Juli*, *August*, *September*, *Oktober*, *November*, *Dezember*.

Die meisten Monate haben **30** oder **31 Tage**.
Nur der Februar ist ein besonderer Monat.
Er hat nur **28 Tage** und alle vier Jahre 29 Tage.
Diese Jahre nennt man **Schaltjahre**.

Ein normales Jahr hat **365 Tage** und ein Schaltjahr hat **366 Tage**.

Jedes Jahr hat **52 Wochen**.

Jede Woche hat **7 Tage**: *Montag*, *Dienstag*, *Mittwoch*, *Donnerstag*, *Freitag*, *Samstag*, *Sonntag*.

Ein Tag hat **24 Stunden**.

Damit wir die Tage, Wochentage und Monate bestimmen können, gibt es den Kalender. An einem Kalender können wir das Datum genau ablesen.

Infokarten

Die Jahreszeiten: Frühling

Infokarte 11

Ein Jahr hat 4 Jahreszeiten: *Frühling*, *Sommer*, *Herbst* und *Winter*.
Jede Jahreszeit ist anders und hat verschiedene Merkmale.
Zum **Frühling** gehören die Monate **März, April** und **Mai**.
Er beginnt bei uns am **20.** oder **21. März**.

Die Tage werden wieder länger. Die **Pflanzen** beginnen, zu wachsen und zu blühen. Damit die Pflanzen gut wachsen können, regnet es oft. Ein sichtbares Zeichen, dass der Frühling beginnt, ist das Schneeglöckchen. Selbst wenn noch Schnee liegt und es noch einmal gefriert, schiebt es seine Blätter an die Oberfläche.

Abb.: © Anja Boretzki

Auch an den **Tieren** erkennt man den Frühling. Sie erwachen aus dem Winterschlaf oder kommen aus dem Süden zurück zu uns. Viele Tiere bauen Nester und bekommen ihre Jungen. Die ersten Insekten beginnen wieder, zu fliegen.

Die Jahreszeiten: Sommer

Infokarte 12

Ein Jahr hat 4 Jahreszeiten: *Frühling*, *Sommer*, *Herbst* und *Winter*.
Jede Jahreszeit ist anders und hat verschiedene Merkmale.
Zum **Sommer** gehören die Monate **Juni, Juli** und **August**.
Der Sommer beginnt bei uns am **21. Juni**.

Der Sommer ist die wärmste Jahreszeit. Die Tage sind länger.

Abb.: © Anja Boretzki

Bei den **Tieren** fliegen die Insekten von Blüte zu Blüte, um Nektar zu sammeln. Die Tiere ziehen ihre Jungen groß.

Und die Pflanzen?
Es werden viele Früchte reif zum Ernten. Es gibt zum Beispiel Stachelbeeren, Brombeeren oder Himbeeren. Das Getreide auf den Feldern ist reif und wird geerntet. Im Spätsommer werden die Tage wieder etwas kühler und kürzer. Es können viele Obst- und Gemüsesorten, wie Äpfel, Birnen, Bohnen, Erbsen oder Tomaten, geerntet werden. Da es im Sommer oft trocken ist, müssen die Pflanzen gegossen werden.

Infokarten

Die Jahreszeiten: Herbst

Infokarte 13

Ein Jahr hat 4 Jahreszeiten: *Frühling, Sommer, Herbst* und *Winter.*
Jede Jahreszeit ist anders und hat verschiedene Merkmale.
Zum **Herbst** gehören die Monate **September, Oktober** und **November**. Er beginnt bei uns am **22.** oder **23. September**.

Und die Pflanzen?
Holunderbeeren, Pflaumen und Kürbisse reifen. Kastanien, Haselnüsse und Walnüsse werden reif und fallen von den Bäumen. Es beginnt die Weinlese und die Kartoffeln werden geerntet.

Abb.: © Anja Boretzki

Die Blätter an den Bäumen werden bunt und fallen später ab. Es ist oft stürmisch, regnerisch und es wird wieder kälter. Die Tage werden immer kürzer und es wird wieder zeitiger dunkel.

Viele **Tiere** beginnen, sich einen Winterspeck anzufressen, um sich auf den Winter vorzubereiten. Einige Vögel fliegen in den Süden, wo es wärmer ist.

Die Jahreszeiten: Winter

Infokarte 14

Ein Jahr hat 4 Jahreszeiten: *Frühling, Sommer, Herbst* und *Winter.*
Jede Jahreszeit ist anders und hat verschiedene Merkmale.
Zum **Winter** gehören die Monate **Dezember, Januar** und **Februar**. Er beginnt bei uns am **21.** oder **22. Dezember**.

Im Winter wird es früher dunkel. Weil die Sonne weniger scheint, wird es sehr kalt. Pfützen, Seen und Bäche gefrieren und es schneit, anstatt zu regnen.

Abb.: © Anja Boretzki

Einige **Tiere**, wie der Igel, halten Winterschlaf oder fallen wie die Frösche in Winterstarre. Andere Tiere, wie das Eichhörnchen oder die Amsel, bleiben wach. Sie haben sich an das Leben im Schnee angepasst. Ihre Spuren kann man im Schnee sehen.

Auch die **Pflanzen** bereiten sich auf den Winter vor. Sie bilden ihr eigenes Frostschutzmittel, zum Beispiel Zucker, um die kalten Temperaturen zu überstehen.

 | ISBN 978-3-8346-4161-8 | www.verlagruhr.de

© Verlag an der Ruhr | Autorin: Doreen Blumhagen | Illustrationen Icon: Anja Eoretzki | ISBN 978-3-8346-4161-8 | www.verlagruhr.de

Infokarten

Der Apfelbaum im Jahreskreis

Infokarte 15

Im **Frühling** beginnt der Apfelbaum, weiß oder rosa zu blühen.
Die Bienen sammeln den Nektar der Blüter und befruchten die Blüten.

Im **Sommer** verblühen die Blüten und es bilden sich daraus kleine Äpfel.

Im **Herbst** sind die Äpfel reif. Es beginnt die Apfelernte. Nach der Ernte verfärben sich die Blätter und das Laub fällt zu Boden.

Im **Winter** bereitet sich der Apfelbaum auf den Frühling vor. An den Zweigen bilden sich feine Knospen. Sie werden von der Schnee- und Eisschicht geschützt.

Abb.: © Anja Boretzki

Saisonkalender für Gemüse

Infokarte 16

Auf Feldern und in unseren Gärten wächst das ganze Jahr über viel Gemüse. Wann welches Gemüse geerntet werden kann, kannst du im Saisonkalender ablesen:

	Jan	Feb	März	Apr	Mai	Jun	Jul	Aug	Sep	Okt	Nov	Dez
Blumenkohl					■	■	■	■	■	■		
Bohnen						■	■	■	■	■		
Brokkoli						■	■	■	■	■		
Erbsen						■	■	■				
Feldsalat			■	■	■	■	■	■	■	■		
Gurken						■	■	■	■	■		
Kohlrabi					■	■	■	■	■	■		
Kopfsalat				■	■	■	■	■	■	■	■	
Kürbis								■	■	■	■	
Lauch					■	■	■	■	■	■		
Mais								■	■	■		
Möhren						■	■	■	■	■		
Paprika							■	■	■	■		
Radieschen					■	■	■	■	■	■		
Spargel				■	■	■						
Spinat				■	■				■	■	■	
Tomaten							■	■	■	■		
Zwiebeln							■	■	■	■		

Infokarten

Der Igel im Jahreskreis

Infokarte 17

Abb.: © Astrid Wilkesmann

Sobald es im **Frühling** wärmer wird, kommen die Igel hungrig und abgemagert aus ihrem Winterversteck. Sie machen sich sofort auf die Suche nach Würmern und Schnecken.

Zu Beginn des **Sommers** paaren sich die Igel.
Die Igelweibchen bekommen 4 bis 6 Junge. Sie werden von der Mutter gesäugt, bis sie sich selbst versorgen können.
Wenn die Igeljungen das Nest verlassen haben, sind sie auf sich selbst gestellt. Alle Igel versuchen den gesamten Sommer über, viel Futter zu finden, um sich ein dickes Fettpolster anzufressen.

Im **Herbst** suchen sich die Igel ein geschütztes Winternest.
Sie polstern es mit Laub oder Gras aus. Der Platz muss trocken und geschützt liegen, damit die Igel im Winter nicht erfrieren. Wenn sich die Igel genug Winterspeck angefressen haben, ziehen sie sich im Oktober oder November in ihr Versteck zurück.

Im **Winter** fallen die Igel in einen Winterschlaf. Dabei sinkt ihre Körpertemperatur und ihr Herz schlägt langsamer.
So überdauern sie die kalte Jahreszeit und leben von ihren Fettpolstern.

Feste im Jahreskreis

Infokarte 18

Im Jahreskreis gibt es viele Feste, die jedes Jahr wieder gefeiert werden.
An dem Datum, an dem sie gefeiert werden, stehen die Namen der Feste im Kalender.
Ist an diesem Tag ein **Feiertag**, an dem du frei hast und nicht in die Schule gehen musst, ist die Tageszahl meist rot geschrieben.

Abb.: © Anja Boretzki

Unbewegliche Feste werden jedes Jahr am gleichen Tag gefeiert. Das Datum ändert sich nicht.
→ *Der Heilige Abend ist zum Beispiel immer am 24. Dezember.*

Abb.: © Anja Boretzki

Bewegliche Feste werden jedes Jahr an unterschiedlichen Daten gefeiert.
Ihr Datum richtet sich nach festgelegten Regeln.
→ *Der Muttertag ist immer am 2. Sonntag im Mai. Das Datum kann sich also ändern.*

Infokarten

Infokarte 19

Wann beginnt und endet das Jahr?

Am **31. Dezember** feiern wir zu **Silvester** das Ende und den Beginn des neuen Jahres.
Silvester wurde nach dem Papst Silvester I. benannt. Er starb am 31. Dezember 335 in Rom. Am 1.1. beginnt zu Neujahr das neue Jahr.

Zu Silvester gibt es viele **Bräuche**:

Beim **Bleigießen** wird Blei über einer Kerze geschmolzen und in Wasser gegossen. Das Blei wird wieder fest und es entsteht eine Figur. Anhand der Figur versucht man, die Zukunft zu deuten. Da Blei aber sehr giftig ist, nehmen viele heutzutage Kerzenwachs als ungiftige Alternative.

Zu Silvester werden auch gerne **Glücksbringer**, wie Schweinchen, Glücksklee oder kleine Schornsteinfeger, verschenkt. Sie sollen dem Beschenkten im neuen Jahr besonders viel Glück bringen.

Um Mitternacht (0 Uhr) wird dann das neue Jahr mit **Feuerwerken** gefeiert. Der Krach sollte früher die bösen Geister des alten Jahres vertreiben.

Das neue Jahr ist für viele Menschen auch Anlass für **gute Vorsätze**. Sie nehmen sich vor, etwas im neuen Jahr zu ändern oder zu beginnen.

Abb.: © Anja Boretzki

Infokarte 20

Warum gibt es die Jahreszeiten?

Die Erde braucht 1 Jahr, um sich auf ihrer Umlaufbahn um die Sonne zu drehen. Gleichzeitig dreht sich die Erde jeden Tag einmal um sich selbst.
Die Hälfte der Erde, auf der wir leben, heißt Nordhalbkugel.
Schaut unsere Seite in Richtung Sonne, ist bei uns Tag.
Dreht sich unsere Seite von der Sonne weg, ist bei uns Nacht.
Die Erde dreht sich aber nicht gerade.
Die Erdachse ist schief. Deshalb befindet sich entweder die Nord- oder die Südhalbkugel näher an der Sonne.
Im Sommer schaut unsere Nordhalbkugel in Richtung Sonne.
Es wird wärmer und die Tage sind länger.
Im Winter schaut die Nordhalbkugel nicht in Richtung Sonne.
Auf der Nordhalbkugel und Südhalbkugel finden die Jahreszeiten also genau entgegengesetzt statt.
Es gibt aber auch Länder, in denen es keine Jahreszeiten gibt.
Zum Beispiel gibt es in den Tropen nur die Regenzeit.

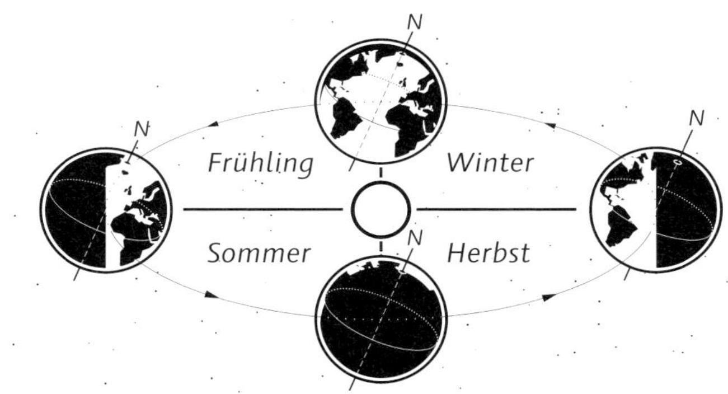

Abb.: © stock.adobe.com/Victoria Kalinina

Die Geschichte des Kalenders

Die Geschichte des Kalenders

(Seite 2)

Wie alt sind die ältesten Kalender?

(Seite 3)

Welche Kalender gibt es?

(Seite 4)

Was ist ein Sonnenkalender?

(Seite 5)

Was hat Papst Gregor XIII. mit dem Kalender zu tun?

① Schneide die Seiten aus.

② Lege die Seiten in der richtigen Reihenfolge aufeinander und hefte sie zusammen.

❸ **Lies Infokarte 1.**

❹ **Beantworte die Fragen. Schreibe die Antworten immer über die Fragen.**

⑤ Klebe das Minibuch mit der Rückseite auf dein Lapbook.

So viele Kalender!

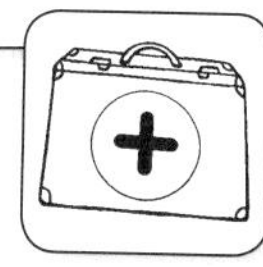

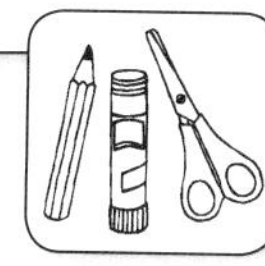

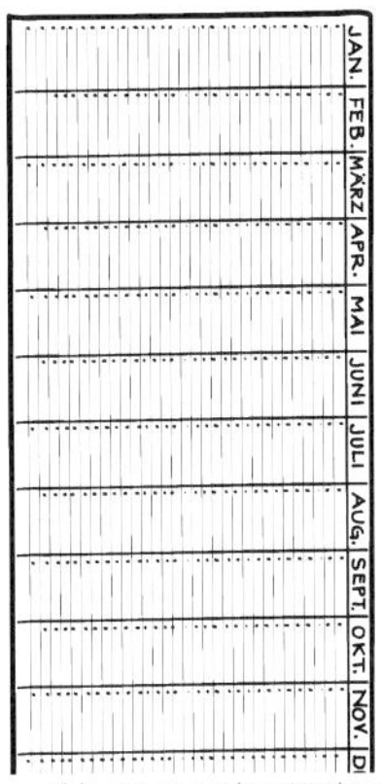

Abb.: © Dorothee Wolters

Klebefläche Lapbook

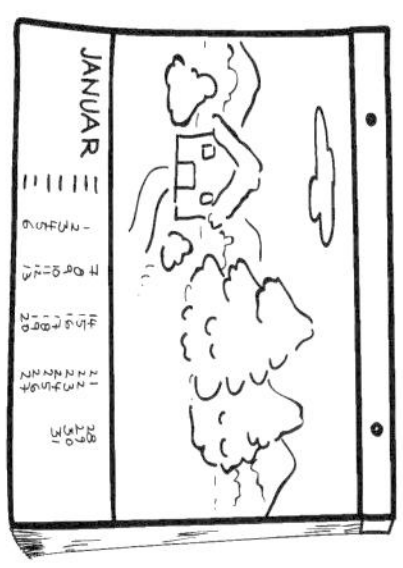

Abb.: © Dorothee Wolters

Klebefläche Lapbook

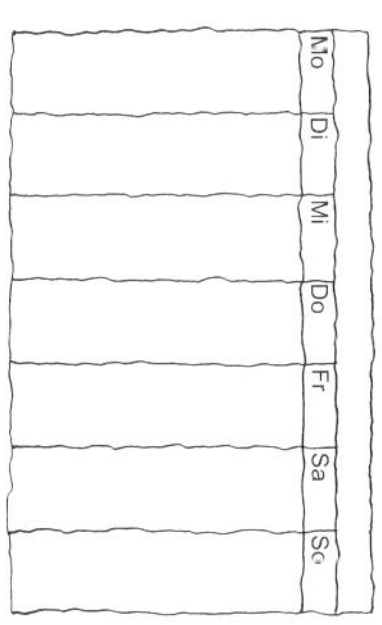

Abb.: © stock.adobe.com/duesselmax

Klebefläche Lapbook

Abb.: © Verlag an der Ruhr

Klebefläche Lapbook

① Schneide aus.

② Falte die großen Klappen zur Mitte und die kleinen darüber.

❸ **Welche Kalender siehst du? Schreibe auf die kleinen Klappen.**

❹ **Beantworte für jeden Kalender in seiner Klappe:**
- **Wie viele Seiten hat er?**
- **Was ist auf einer Seite?**

Nutze Infokarte 2 oder verschiedene Kalender.

❺ **Wofür eignen sich die Kalender? Schreibe es auch in die Klappen.**
Zum Beispiel:
- Urlaub planen
- Feiertage finden
- Geburtstage eintragen

⑥ Kennst du noch andere Kalender? Gestalte eigene Klappen.

⑦ Klebe die Klappen auf dein Lapbook.

Das Datum

Das Datum

Abb.: © Anja Boretzki

Heute ist:

Mein Geburtsdatum ist:

Wochentag	Tag	Monat	Jahr

① Schneide aus.
② Schneide die Linien für die kleinen Klappen ein.
③ Falte erst die dünne Faltlinie zur Mitte. Falte die kleinen Klappen an der dicken Faltinie zurück. Am Ende siehst du nur noch „Das Datum" und „Wochentag, Tag, Monat, Jahr".
❹ **Welcher Wochentag, Tag, Monat und welches Jahr ist heute? Schreibe es in die kleinen Klappen.**
❺ **Schreibe das Datum für heute in verschiedenen Schreibweisen auf (→ Infokarte 3).**
❻ **Schreibe dein Geburtsdatum auf.**
⑦ Klebe das Minibuch mit der Rückseite auf dein Lapbook.

Kalender-Detektiv

Aufgabenblatt

Wie viele Tage hat dieses Jahr? ....

Wie viele Tage hat der … ?

Februar ...., *April* ...., *Juli* ...., *Oktober* ...., *Dezember* ....

An welchem Wochentag hast du Geburtstag? ....

Wie viele Schultage gibt es im Mai? ....

Wann beginnen die Sommerferien? ....

Wann ist Rosenmontag? ....

Wie viele Tage liegen zwischen Ostern und Himmelfahrt? ....

Wie viele Wochen sind es noch bis Weihnachten? ....

Welcher Wochentag ist der 11.11.? Was ist an diesem Tag?

....

Klebefläche Lapbook

Abb.: © Eva Spanjardt

Kalender-Detektiv

Klebefläche Lapbook

Halter

① Schneide aus.

② Falte die Klebeflächen des Halters nach hinten. Klebe den Halter auf dein Lapbook.

❸ **Schreibe die aktuelle Jahreszahl auf den Halter.**

❹ **Beantworte die Fragen mithilfe eines Kalenders aus diesem Jahr.**

❺ **Schreibe eigene Fragen und Antworten auf die Rückseite des Aufgabenblattes.**

⑥ Rolle das Blatt zusammen und stecke es in den Halter.

Mein Geburtstagskalender (1/2)

Abb.: © Anja Boretzki

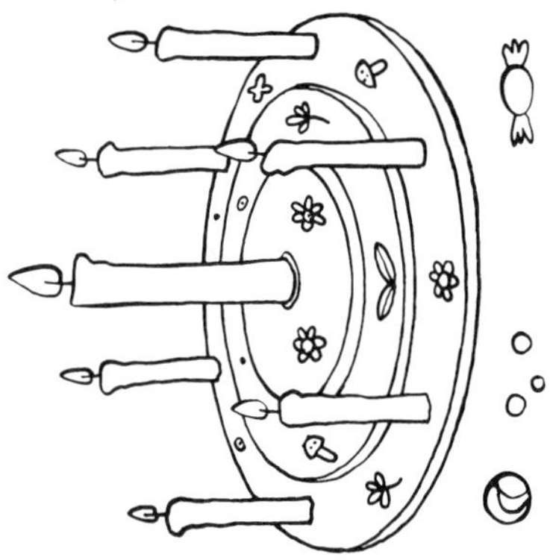

Mein Geburtstagskalender

März

Apr

Okt

Nov

Feb

Jan

Sep

Mein Geburtstagskalender (2/2)

Jun

Aug

Dez

Mai

Jul

① Schneide aus.

② Ergänze die Monatsnamen.

❸ **Lege die Monate in der richtigen Reihenfolge aufeinander.**

❹ **Trage den Geburtstag von 10 Kindern ein. Schreibe so:**

Mai
12.05. Jonas
27.05. Sara

❺ **Male zu jedem Monat ein Bild auf die obere Klappe.**

⑥ Klebe den Kalender mit der Rückseite auf dein Lapbook.

Die Monate

Die Monate

1. 

2.

Klebefläche Lapbook

① Schneide aus.

② Schneide die Linien ein. Falte alle Klappen zur Mitte.

❸ **Wie heißen der 1. und der 2. Monat? Schreibe es unter die Klappen.**

❹ **Schreibe auch die Zahlen und die Namen der anderen Monate in der richtigen Reihenfolge auf (→ Infokarte 4).**

⑤ Klebe das Minibuch mit der Klebefläche auf dein Lapbook.

Tipp: Male zu jedem Monat passende Bilder auf die Klappen.

Mein Geburtsmonat

Mein Steckbrief zum

....

Klebefläche Lapbook

Bedeutung des Namens

Jahreszeit

Vormonat und Folgemonat

① Schneide aus. Schneide die kleinen Klappen ein.

② Falte die kleinen Klappen zur Mitte.

③ Falte die große Klappe darüber.

❹ **In welchem Monat hast du Geburtstag?**
Schreibe den Monatsnamen auf die Titelseite und male passende Bilder.

❺ **Finde heraus, woher der Monat seinen Namen hat (→ Infokarte 5).**

❻ **Ergänze den Steckbrief mithilfe eines Kalenders.**
Schreibe die Antworten unter die Klappen.

❼ **Was möchtest du noch über deinen Monat schreiben?**
Finde eigene Ideen für die leeren Klappen, zum Beispiel:
Feiertage, Tage, Wochen, Schultage, Wetter, englischer Monatsname …

⑧ Klebe das Minibuch mit der Klebefläche auf dein Lapbook.

Der Knöcheltrick

Knöchel

Januar =
31 Tage

Februar=

März =

April =

Mai =

Juni =

Juli =

So geht der Knöcheltrick:

August =

September =

Oktober =

November =

Dezember =

trick

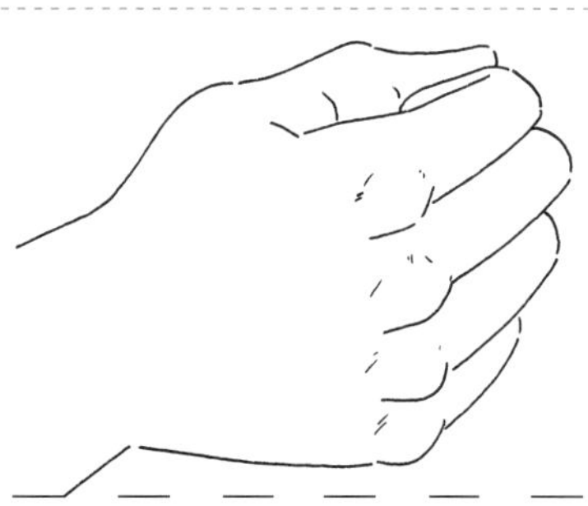

① Schneide aus.

② Falte erst die dicken Faltlinien zur Mitte, dann die dünnen Faltlinien nach außen. Die Hände liegen nun nebeneinander.

❸ **Finde heraus, wie der Knöcheltrick geht. Schreibe es in die Mitte des Minibuchs** **(→ Infokarte 6).**

❹ **Schreibe den Anfangsbuchstaben der Monate auf die passenden Stellen in den Händen.**

❺ **Schreibe auf, wie viele Tage jeder Monat hat.**

⑥ Klebe das Minibuch mit der Rückseite auf dein Lapbook.

© Verlag an der Ruhr | Autorin: Doreen Blumhagen | Illustrationen Icons: Anja Boretzki | ISBN 978-3-8346-4161-8 | www.verlagruhr.de

Das Schaltjahr

① Schneide aus.
② Falte die linke Klappe zur Mitte. Falte den Kalender von oben darüber.
❸ **Welchen Tag gibt es nur in einem Schaltjahr? Beschrifte damit die Seite des Tageskalenders (→ Infokarte 7).**
❹ **Finde heraus: Wann und warum gibt es ein Schaltjahr? Schreibe es in das Minibuch.**
❺ **Suche im Internet: Wann war das letzte Schaltjahr? Wann ist das nächste Schaltjahr? Schreibe die Jahreszahlen auf die erste Seite.**
⑥ Klebe das Minibuch mit der Klebefläche auf dein Lapbook.

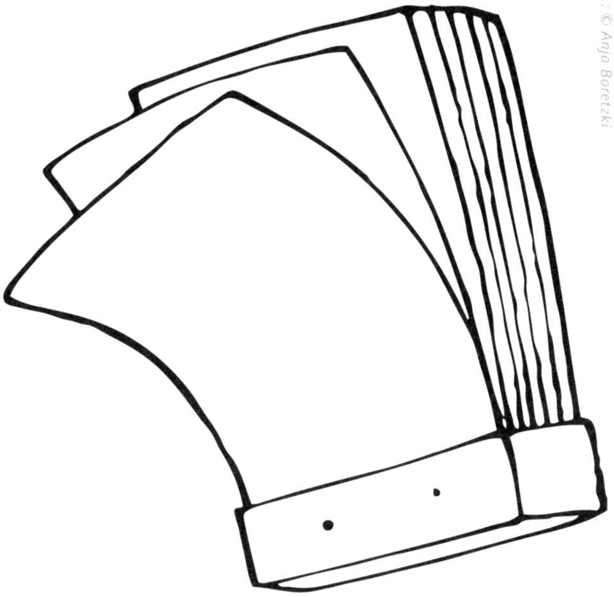

Das Schaltjahr

Klebefläche Lapbook

Wann war das letzte Schaltjahr?

....

Wann ist das nächste Schaltjahr?

....

Die Wochentage

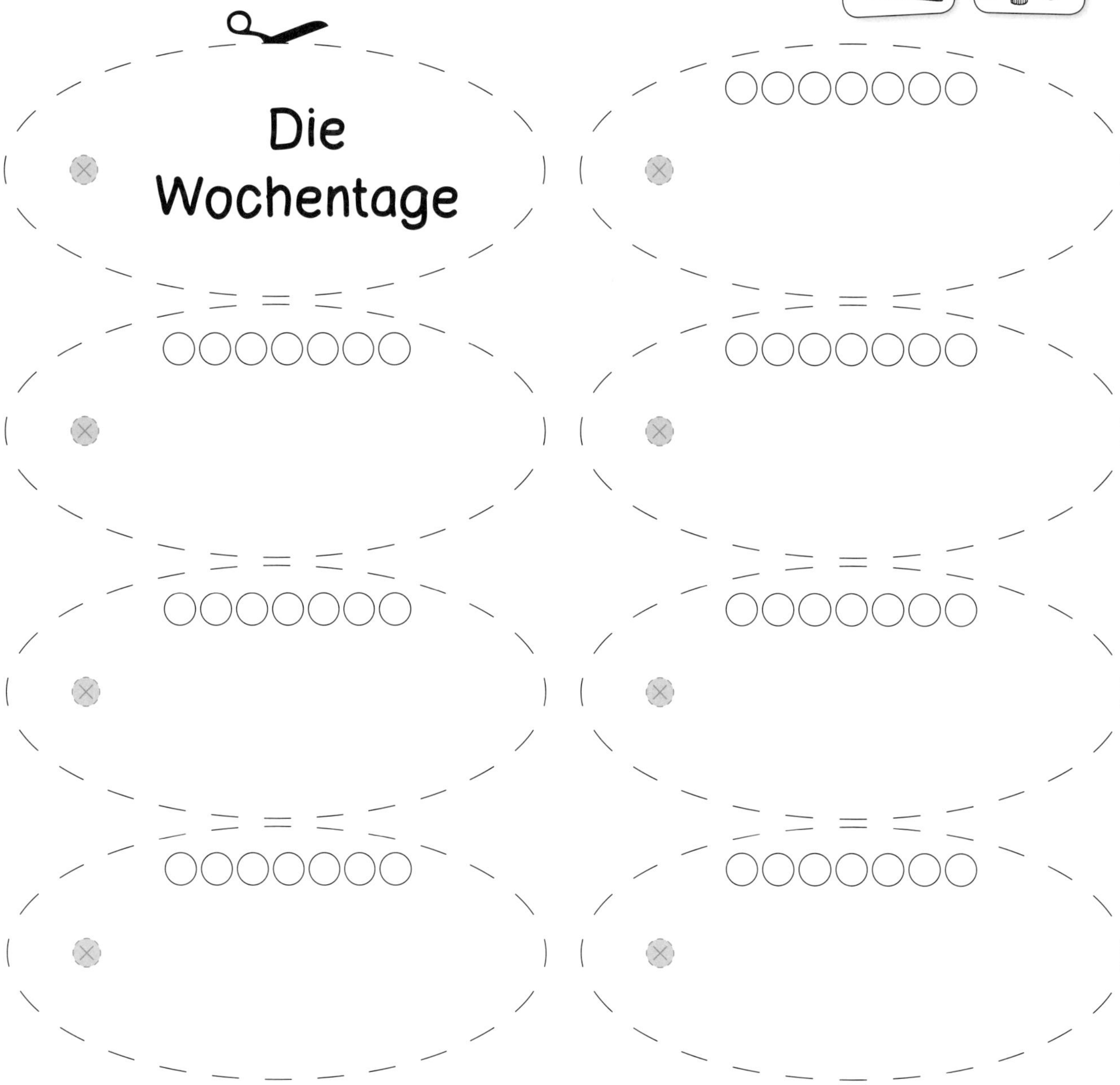

① Schneide die Vorlagen aus. Stich die grauen Punkte ein.

❷ **Schreibe auf jede Seite einen Wochentag (→ Infokarte 8).**

❸ **Welcher Tag der Woche ist es? Male so viele Kreise farbig aus. Finde heraus: Wie kamen die Wochentage zu ihrem Namen? Schreibe es immer auf die Rückseite des Tages.**

❹ **Bringe die Tage in die richtige Reihenfolge und lege sie aufeinander.**

⑤ Verbinde die Seiten mit einer Musterbeutelklammer. Stich ein kleines Loch durch dein Lapbook, um den Fächer zu befestigen.

Gestern, heute, morgen

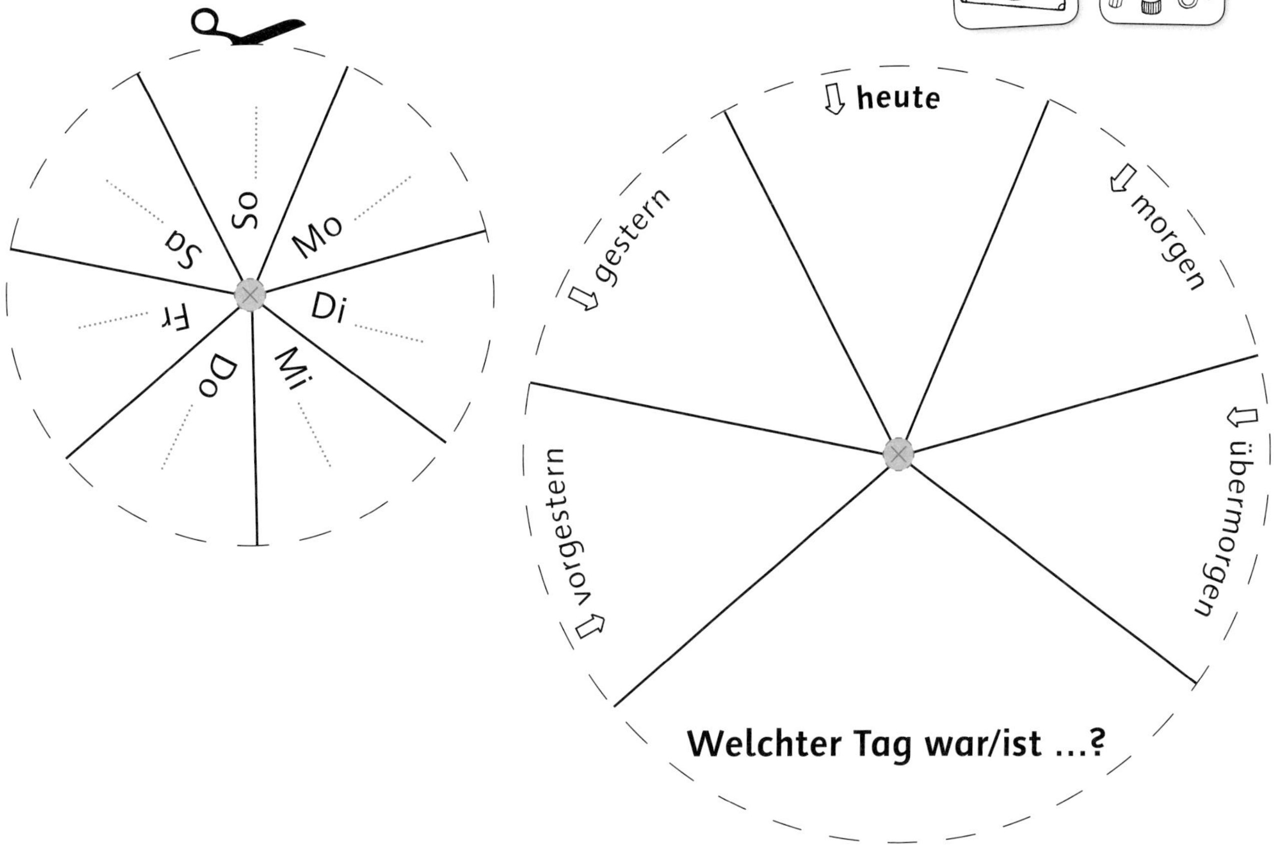

❶ **Welche Wochentage sind gemeint? Ergänze die Abkürzungen auf dem kleinen Kreis (→ Infokarte 8).**

❷ **Male das Feld „heute“ auf dem großen Kreis aus.**

③ Schneide beide Kreise aus.

④ Stich die grauen Punkte durch.

⑤ Lege den kleinen Kreis auf den großen Kreis. Verbinde beide mit einer Musterbeutelklammer.

⑥ Klebe den großen Kreis mit der Rückseite auf dein Lapbook, sodass „heute“ oben ist.

❼ **Übe mit einem Partner: Fragt euch gegenseitig, wann welcher Tag war oder ist. Prüft mit der Drehscheibe.**
Beispiel: Heute ist Mittwoch.
Welcher Tag war vorgestern?
Antwort: Montag.

Mein Wochenplan

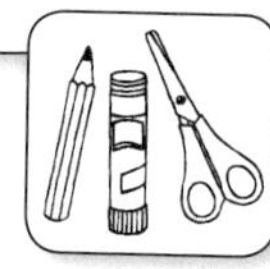

Donnerstag

Mittwoch

Dienstag

Montag

Meine Woche vom:

Mein Wochenplan

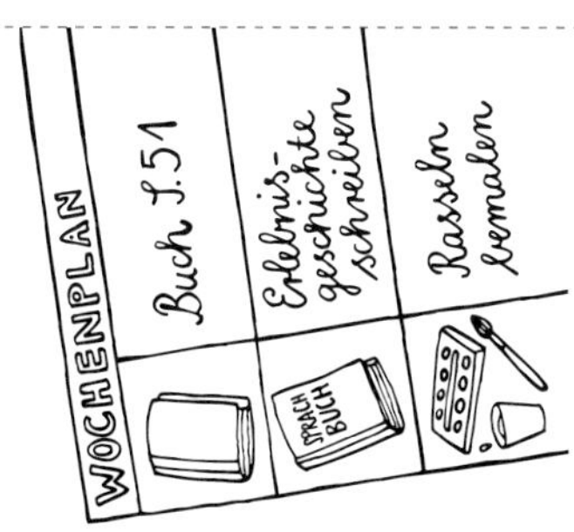

Abb.: © Anja Boretzki

Sonntag

Samstag

Freitag

(Teil 1 hier ankleben)

① Schneide aus. Klebe beide Teile zusammen.

② Falte die Faltlinien abwechselnd nach vorn und hinten. „Mein Wochenplan“ muss oben liegen.

❸ **Schreibe deinen Plan für diese Woche. Ergänze den Zeitraum, zum Beispiel 4.11. – 10.11.2019.**

- **Schreibe in Blau, was du jede Woche machst.**
- **Schreibe in Rot, was du nur diese Woche machst.**

④ Klebe das Minibuch mit der Rückseite auf dein Lapbook.

Die Mondphasen

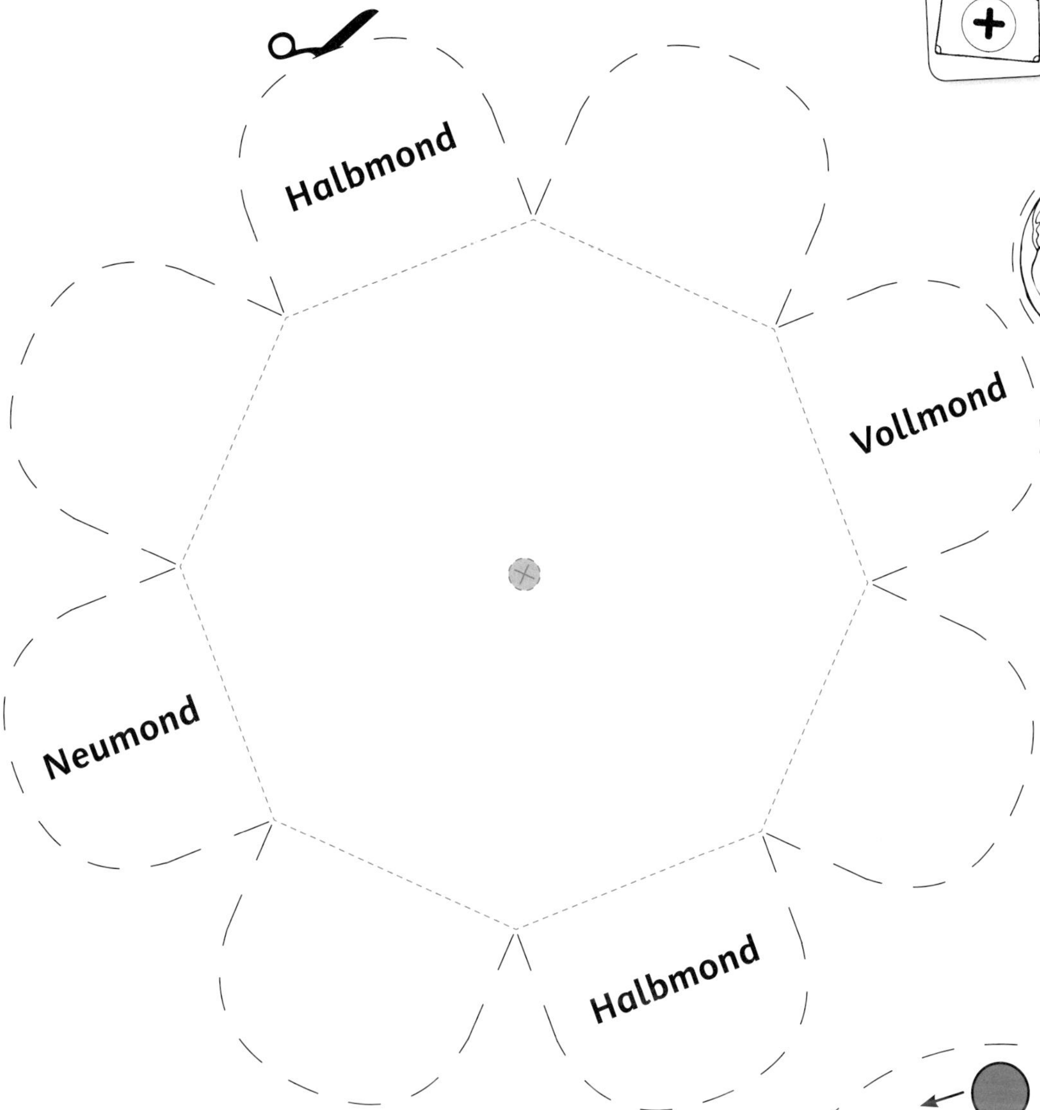

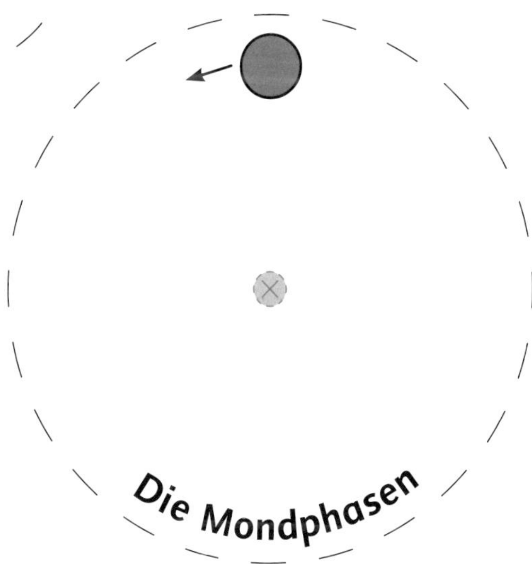

① Schneide alle Vorlagen aus.
② Stich die grauen Punkte durch.
③ Stecke eine Musterbeutelklammer durch 1. die Erde, 2. die Mondscheibe und 3. das Minibuch.

④ Falte alle Klappen zur Mitte.
❺ Wie heißen die fehlenden Mondphasen? Schreibe sie auf die leeren Klappen (→ Infokarte 9).
❻ Wie sehen die Mondphasen aus?
- **Male sie auf die Rückseiten der Klappen.**
- **Male den sichtbaren Teil des Mondes immer gelb.**

❼ Erkläre die Entstehung der Mondphasen. Drehe dazu die Mondscheibe in Pfeilrichtung.
⑧ Klebe das Minibuch mit der Rückseite auf dein Lapbook.

Mond und Kalender

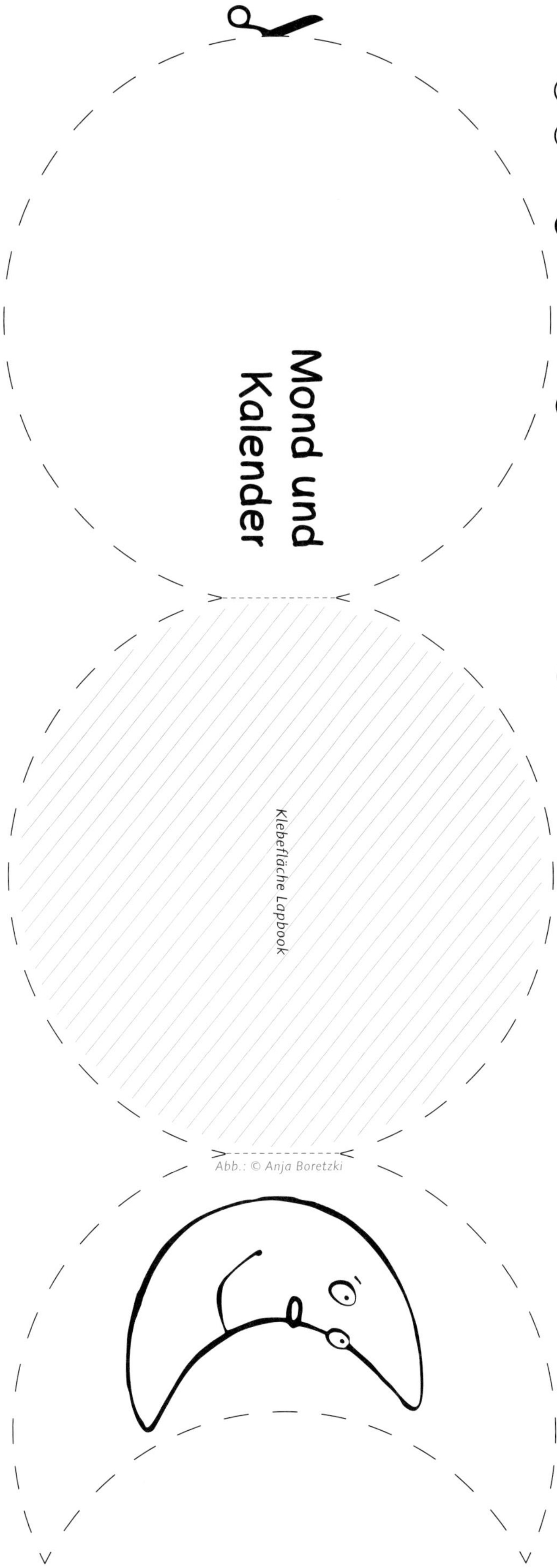

① Schneide die Vorlage aus.

② Falte erst den Kreis zur Mitte und dann den Mond darüber.

❸ **Informiere dich, wie die Menschen früher den Mond zur Einteilung der Zeit benutzt haben (→ Infokarte 9).**

❹ **Beantworte im Minibuch folgende Fragen:**

- **Wie beeinflusste der Mond die 7-Tage-Woche?**
- **Woher hat der „Monat" seinen Namen und warum?**

⑤ Klebe das Minibuch mit der Klebefläche in dein Lapbook.

Der Lauf des Jahres

4

12

Ein Jahr in Zahlen

① Schneide aus.

② Schneide die Klappen ein.

❸ Was gibt es 4-mal oder 12-mal im Jahr? Schreibe es auf die Rückseiten der Klappen.

❹ Gibt es weitere Zahlen im Lauf des Jahres? Ergänze die leeren Klappen des Minibuches **(→ Infokarte 10).**

⑤ Klebe das Minibuch nur mit dem Mittelstreifen auf dein Lapbook.

Wann ist Frühling, Sommer, Herbst, Winter?

Wann ist …?

Winterbeginn:	Wintermonate:	Frühlingsmonate:	Frühlingsbeginn:
Herbstbeginn:	Herbstmonate:	Sommermonate:	Sommerbeginn:

① Schneide aus. Schneide die Linien der Klappen ein.
② Falte alle Klappen zur Mitte.
❸ **Finde heraus: Wann beginnt der Frühling, der Sommer, der Herbst und der Winter? Schreibe es in die Klappen (→ Infokarten 11 bis 14).**
❹ **Welche Monate gehören zu welchen Jahreszeiten?**
❺ **Gestalte die Vorderseiten der Klappen passend zur Jahreszeit.**
⑥ Klebe das Minibuch mit der Rückseite auf dein Lapbook.

Was gehört zu den Jahreszeiten? (1/2)

Klebefläche

Was gehört zum **Frühling?**

Klebefläche

Klebefläche

Klebefläche

Was gehört zum **Sommer?**

Klebefläche

Klebefläche

Klebefläche

Was gehört zum **Herbst?**

Klebefläche

Klebefläche

Klebefläche

Was gehört zum **Winter?**

Klebefläche

Klebefläche

① Schneide die Taschen und Karten aus.

② Falte die Klebeflächen der Taschen nach hinten und klebe sie auf dein Lapbook.

❸ **Was gehört zu welcher Jahreszeit? Ordne die Bilder in die Taschen ein.**

❹ **Schreibe zu jedem Bild einen Satz auf die Rückseite.**

❺ **Male zu jeder Jahreszeit 2 weitere Karten.** Denke zum Beispiel an Tiere, Pflanzen, Feste, Kleidung und typische Tätigkeiten in den Jahreszeiten (➔ Infokarte 11 bis 14).

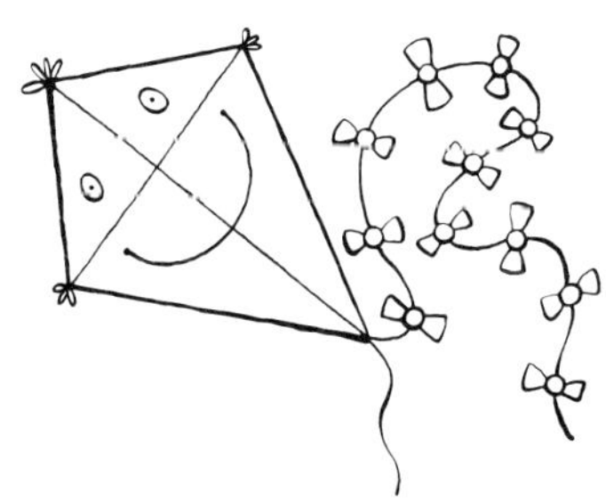
Abb.: © Anja Boretzki

Abb.: © Anja Boretzki

Tipp: Male jede Lasche mit einer typischen Farbe der Jahreszeit an.

Was gehört zu den Jahreszeiten? (2/2)

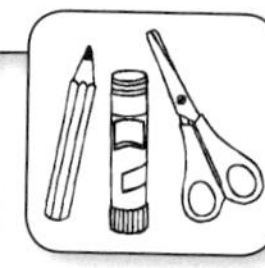

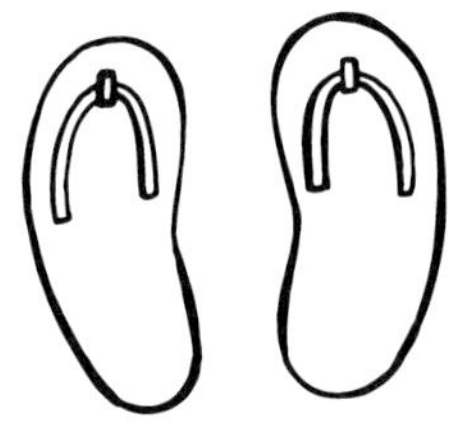

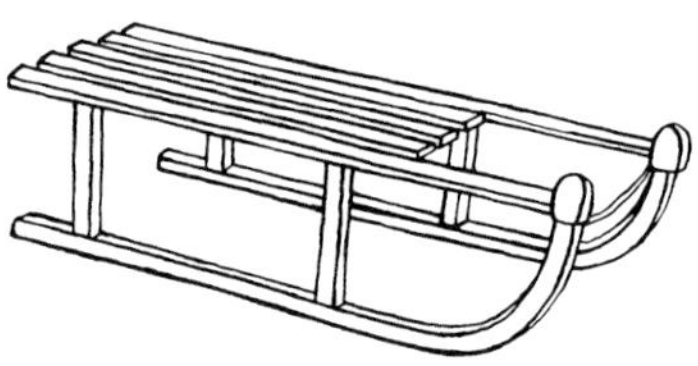

Der Apfelbaum im Jahreskreis

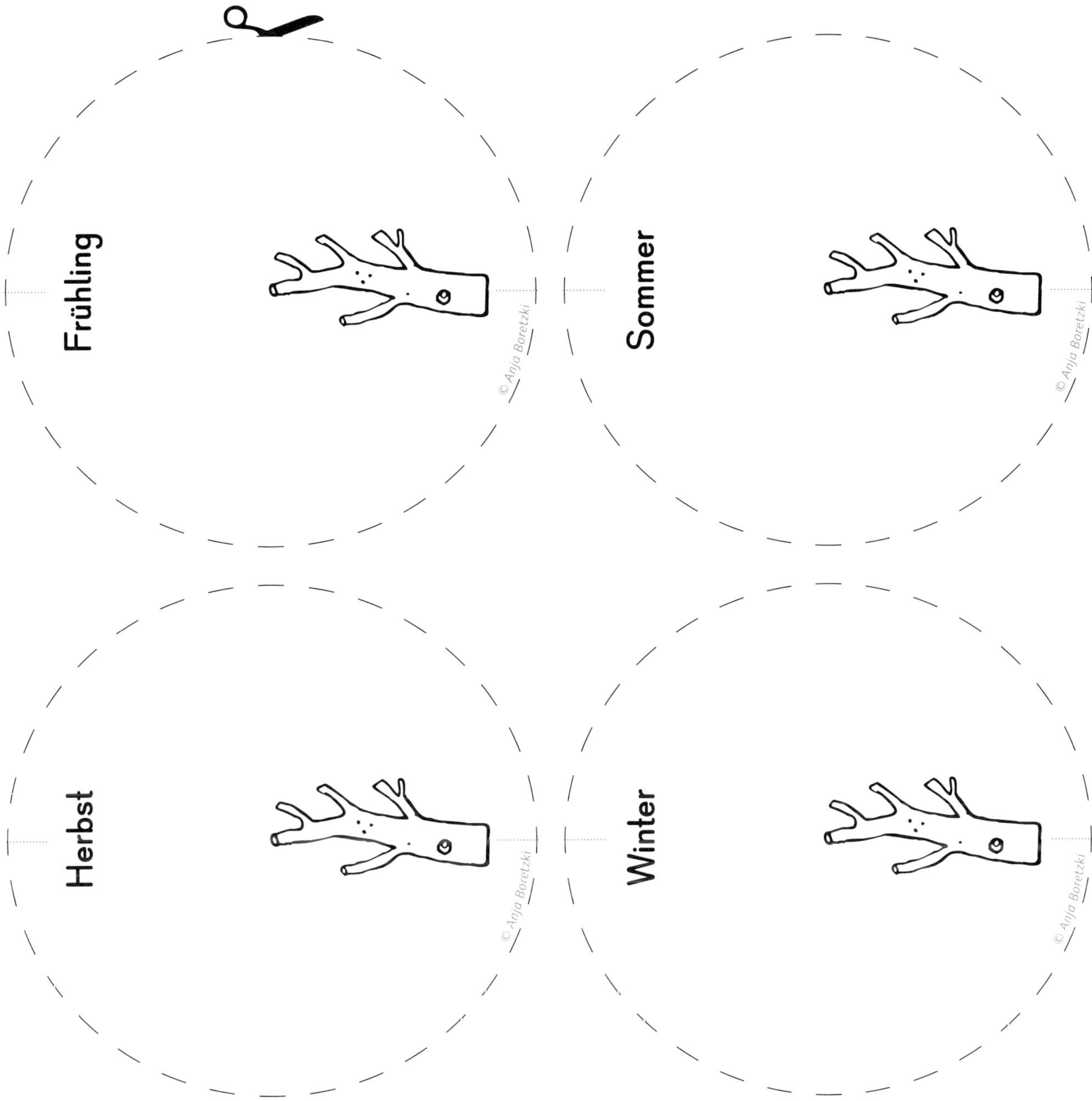

① Schneide die Kreise aus.
Falte sie in der Mitte.

② Klebe Frühling, Sommer, Herbst und Winter mit den Rückseiten aufeinander.

❸ **Wie verändert sich der Apfelbaum in den Jahreszeiten? Male für jede Jahreszeit den Baum fertig (→ Infokarte 15).**

④ Klebe das Baumbuch mit der Rückseite des Frühlings und der Rückseite des Winters auf dein Lapbook.

Was ziehe ich an? (1/3)

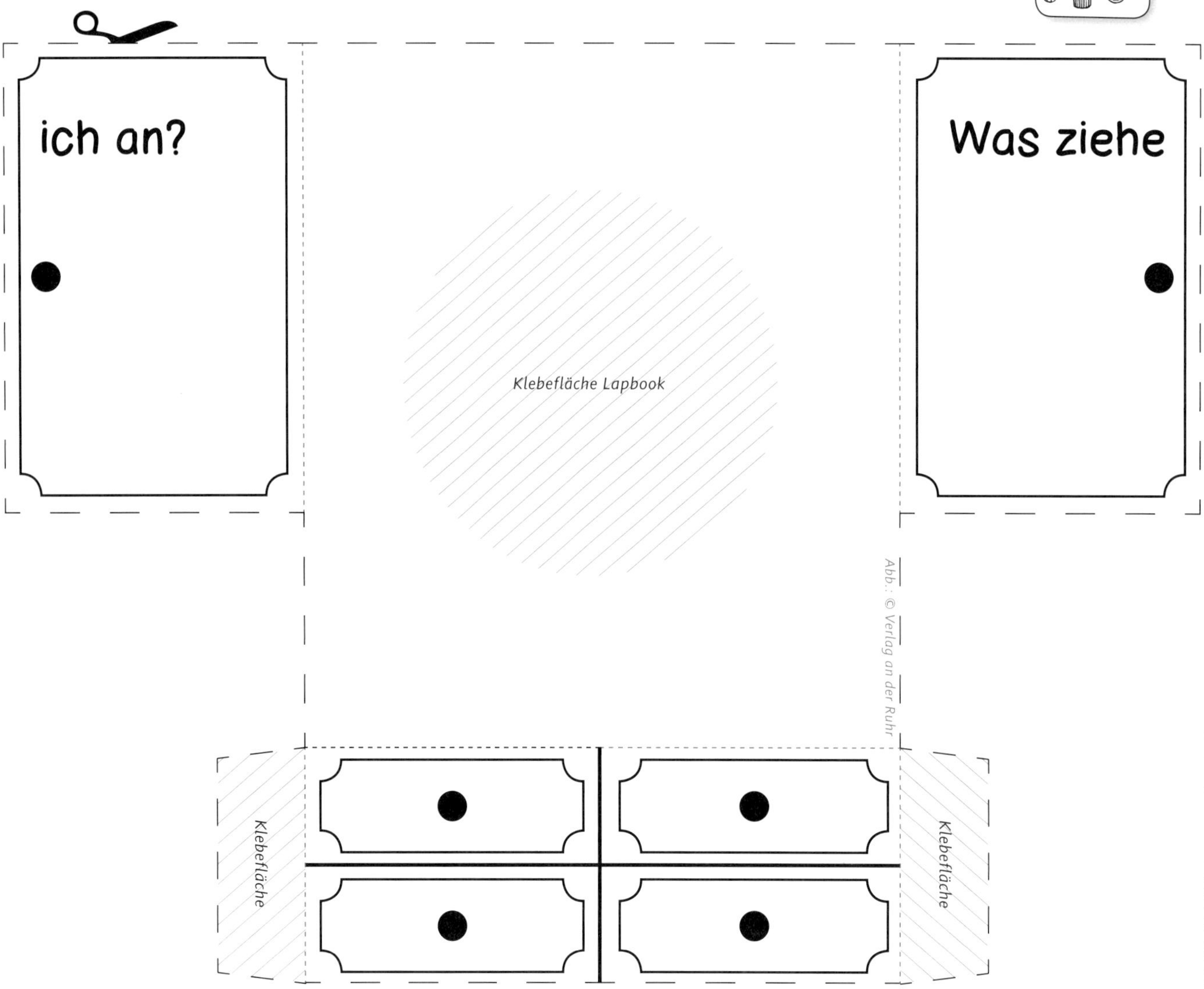

① Schneide den Schrank aus.
② Falte die Schranktüren zur Mitte.
③ Falte die Schubkästen nach oben und die Klebeflächen nach hinten. Klebe sie auf der Rückseite fest.
❹ **Überlege: Warum braucht man in den Jahreszeiten unterschiedliche Kleidung? Schreibe es in die geöffneten Schranktüren.**
⑤ Klebe den Schrank mit der Klebefläche auf dein Lapbook.

Was ziehe ich an? (2/3)

① Schneide deine Anziehpuppe aus.

❷ **Entwirf eigene Kleidungsstücke für deine Anziehpuppe:**
- **Male für jede Jahreszeit ein Kleidungsstück.**
- **Schreibe die Jahreszeiten auf die Rückseite der Kleidungsstücke.**
- **Male auch Kopfbedeckungen.**

③ Bewahre deine Anziehpuppe und die Kleidungsstücke im Schrank auf.

Was ziehe ich an? (3/3)

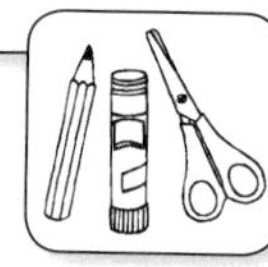

① Schneide deine Anziehpuppe aus.

❷ **Entwirf eigene Kleidungsstücke für deine Anziehpuppe:**

- **Male für jede Jahreszeit ein Kleidungsstück.**
- **Schreibe die Jahreszeiten auf die Rückseite der Kleidungsstücke.**
- **Male auch Kopfbedeckungen.**

③ Bewahre deine Anziehpuppe und die Kleidungsstücke im Schrank auf.

Gemüsekalender

① Schneide beide Kreise aus.

② Stich die grauen Punkte durch. Lege den kleinen auf den großen Kreis und verbinde die Kreise mit einer Musterbeutel-klammer.

❸ **Welches Gemüse wird in welchem Monat geerntet? Schreibe oder male zu jedem Monat 2 Gemüsesorten (➔ Infokarte 16).**

④ Klebe den großen Kreis mit der Rückseite auf dein Lapbook.

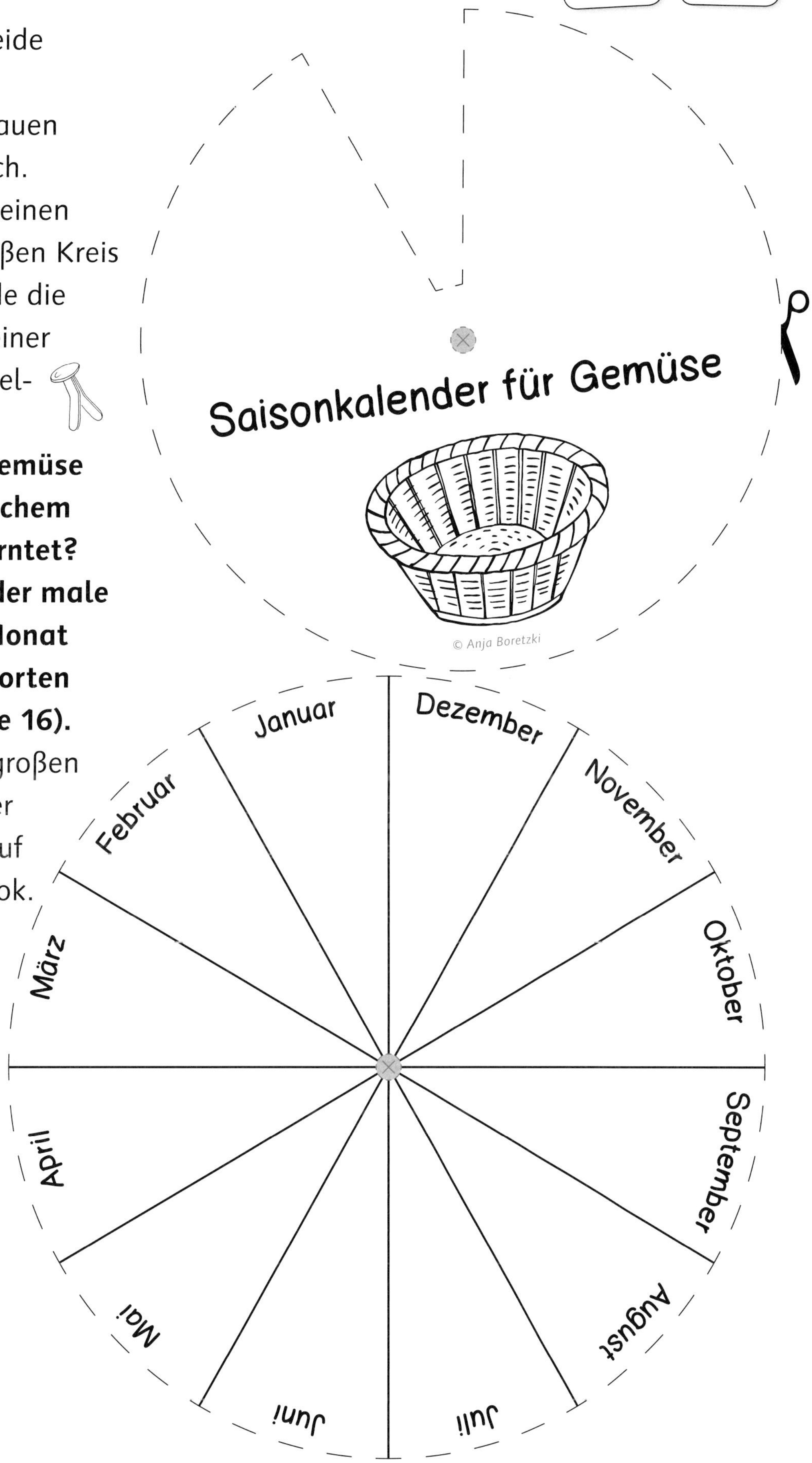

Ein Tier im Jahreskreis

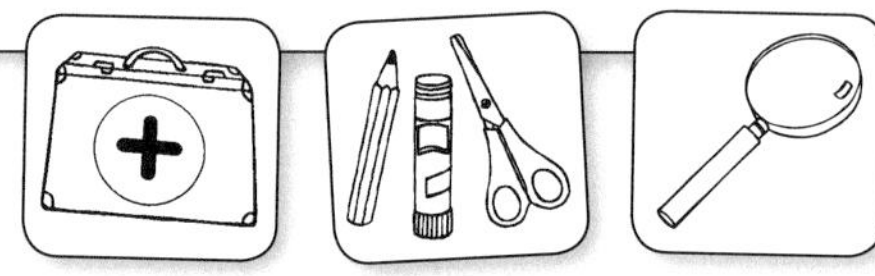

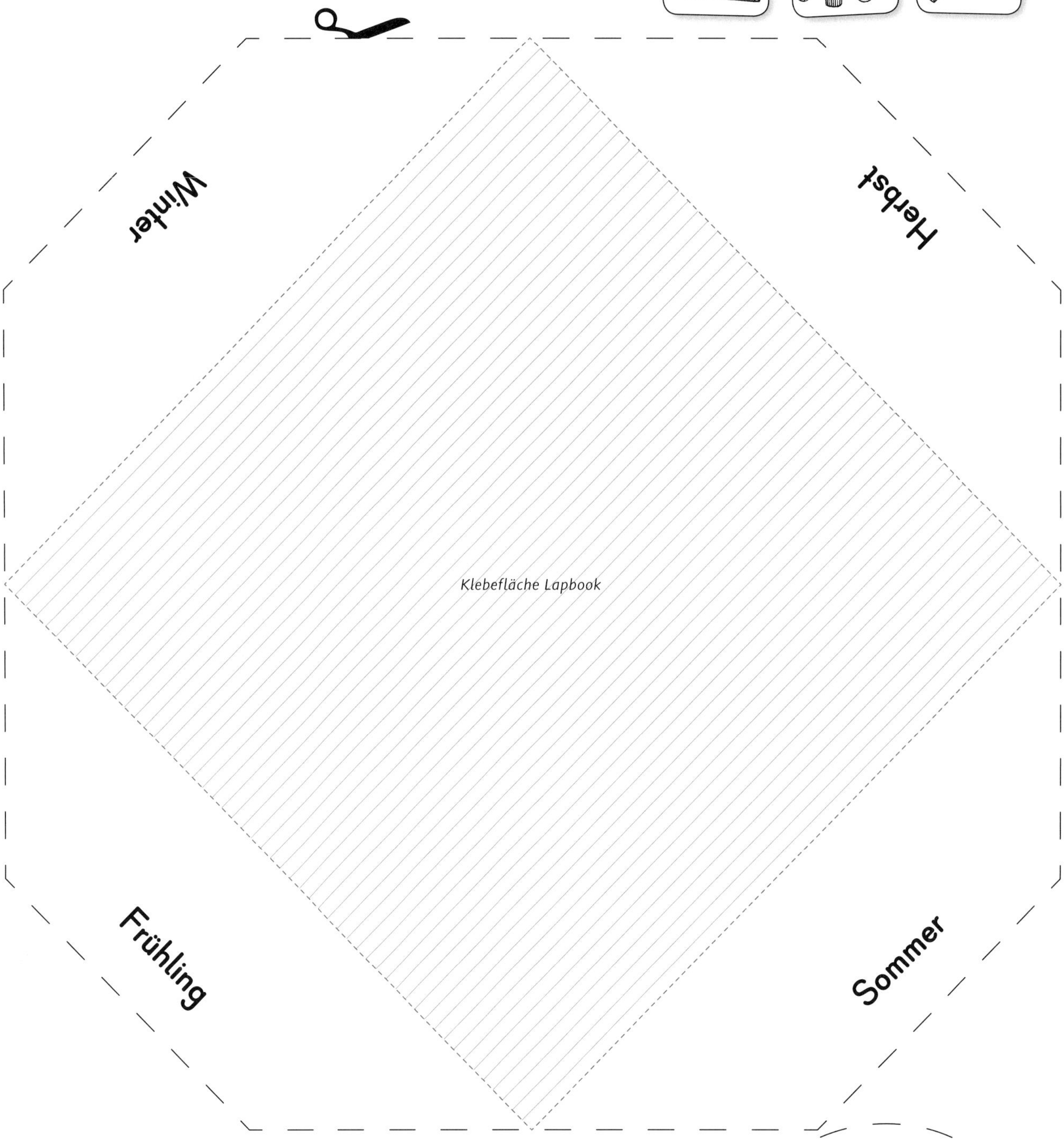

① Schneide aus.

② Falte alle Klappen zur Mitte.

❸ **Wähle dir ein Tier aus. Schreibe das Tier in das Guckloch. Was macht es im Frühling, Sommer, Herbst und Winter? Male und schreibe zu jeder Jahreszeit eine Klappe. Zum Beispiel: Der Igel (→ Infokarte 17).**

④ Klebe das Minibuch mit der Klebefläche auf dein Lapbook.

Bewegliche und unbewegliche Feiertage

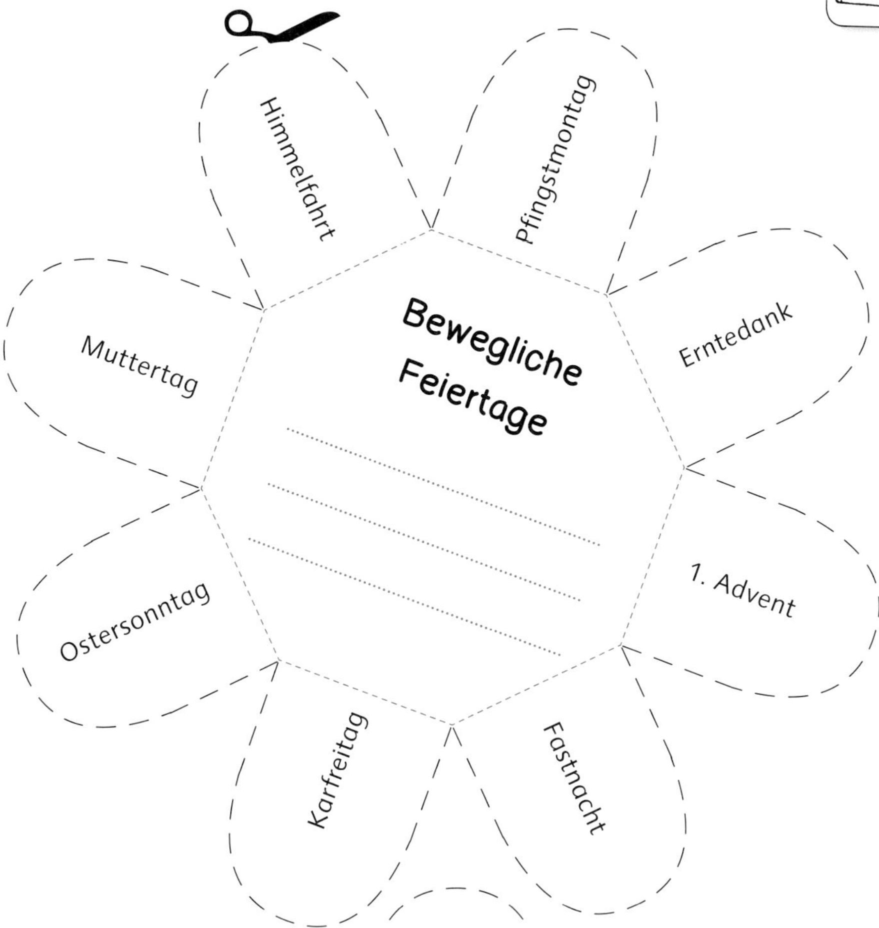

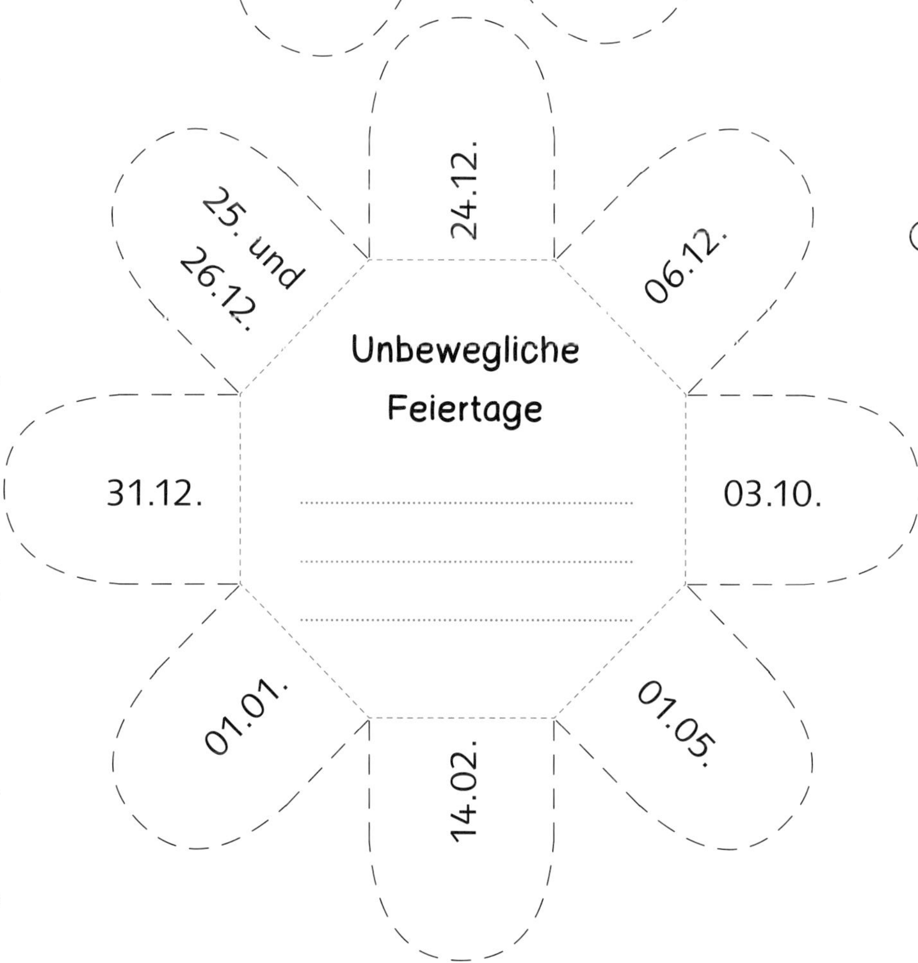

① Schneide beide Blumen aus.

❷ **Finde heraus: Was ist der Unterschied zwischen beweglichen und unbeweglichen Feiertagen? Schreibe es in die Mitte der Blumen (→ Infokarte 18).**

❸ **Suche mithilfe eines Kalenders die Feste zu den Daten oder die Daten zu den Festen. Schreibe die Antworten auf die Rückseite der Blütenblätter.**

④ Klebe die Blumen nur mit der Rückseite der Mitte auf dein Lapbook.

Mein Jahreszeiten-Steckbrief

Mein Jahreszeiten-Steckbrief zum

....

Beginn: ....

Ende: ....

– Seite 2 –

Wetter

– Seite 3 –

Pflanzen

– Seite 4 –

Tiere

– Seite 5 –

Menschen

– Seite 6 –

Feste

① Schneide die Seiten aus.

② Lege die Seiten aufeinander und hefte sie zusammen.

❸ **Suche dir eine Jahreszeit aus. Fertige einen Steckbrief dazu an. Schreibe und male zu jedem Punkt eine Seite (→ Infokarten 11 bis 14).**
Tipp: Du kannst auch passende Bilder malen oder einkleben!

④ Klebe das Minibuch mit der Rückseite auf dein Lapbook.

Feste im Jahreskreis

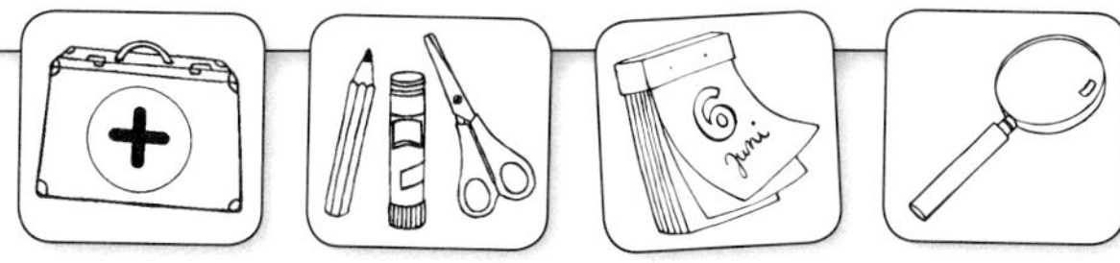

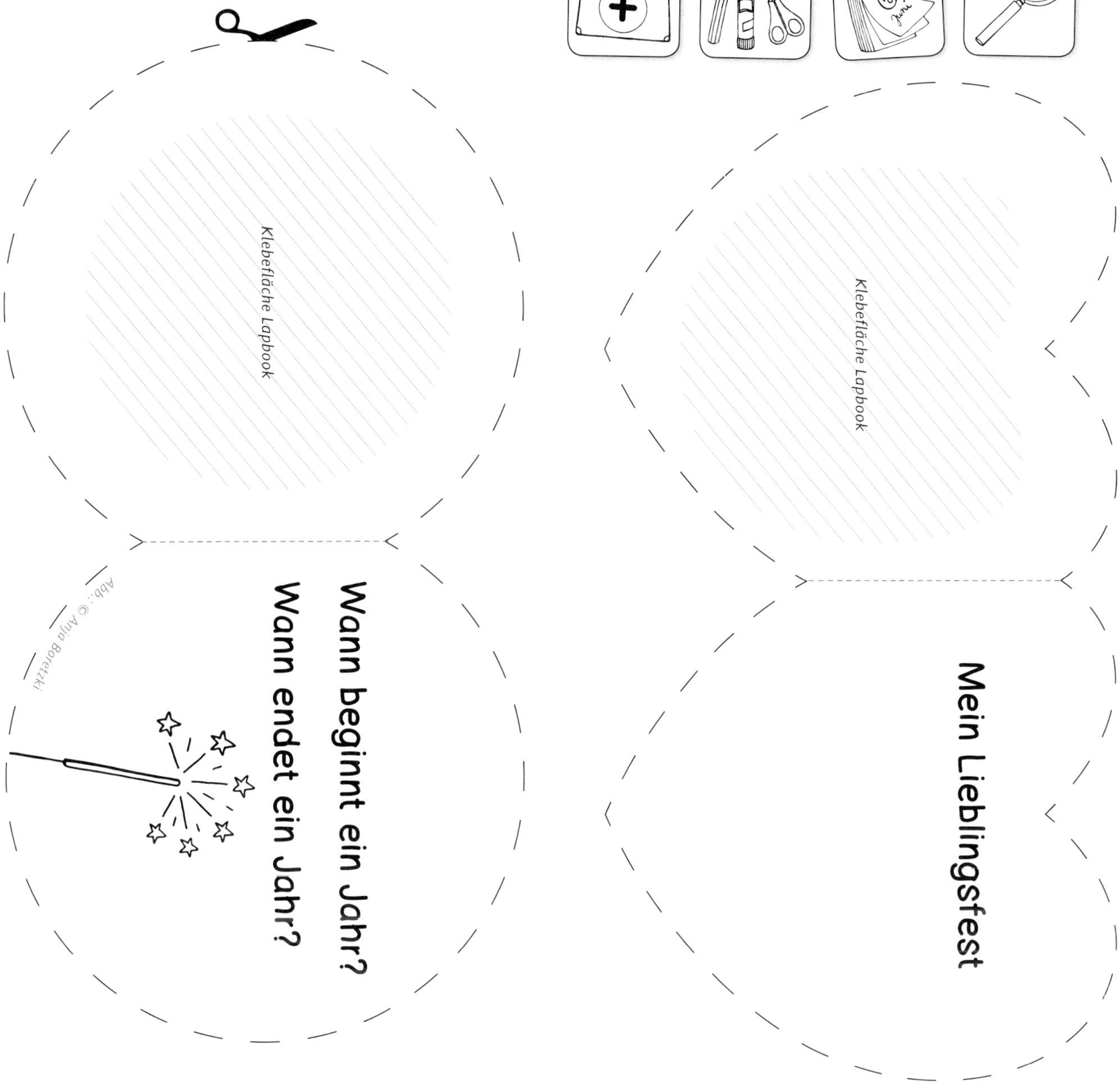

① Schneide die Minibücher aus.

② Falte sie in der Mitte.

❸ **Rundes Minibuch:**
Finde heraus: Wann beginnt ein Jahr und wann endet es?
Mit welchem Fest wird das gefeiert? Wie wird gefeiert?
Schreibe es in das Minibuch (→ Infokarte 19).

❹ **Herzbuch:**
Welches Fest magst du im Jahr am liebsten? Male und schreibe darüber in deinem Herzbuch.
Was wird gefeiert?
Wann wird dein Fest gefeiert?
Wie feierst du es?
Warum ist es dein Lieblingsfest?

⑤ Klebe beide Minibücher mit der Klebefläche auf dein Lapbook.

Warum gibt es die Jahreszeiten?

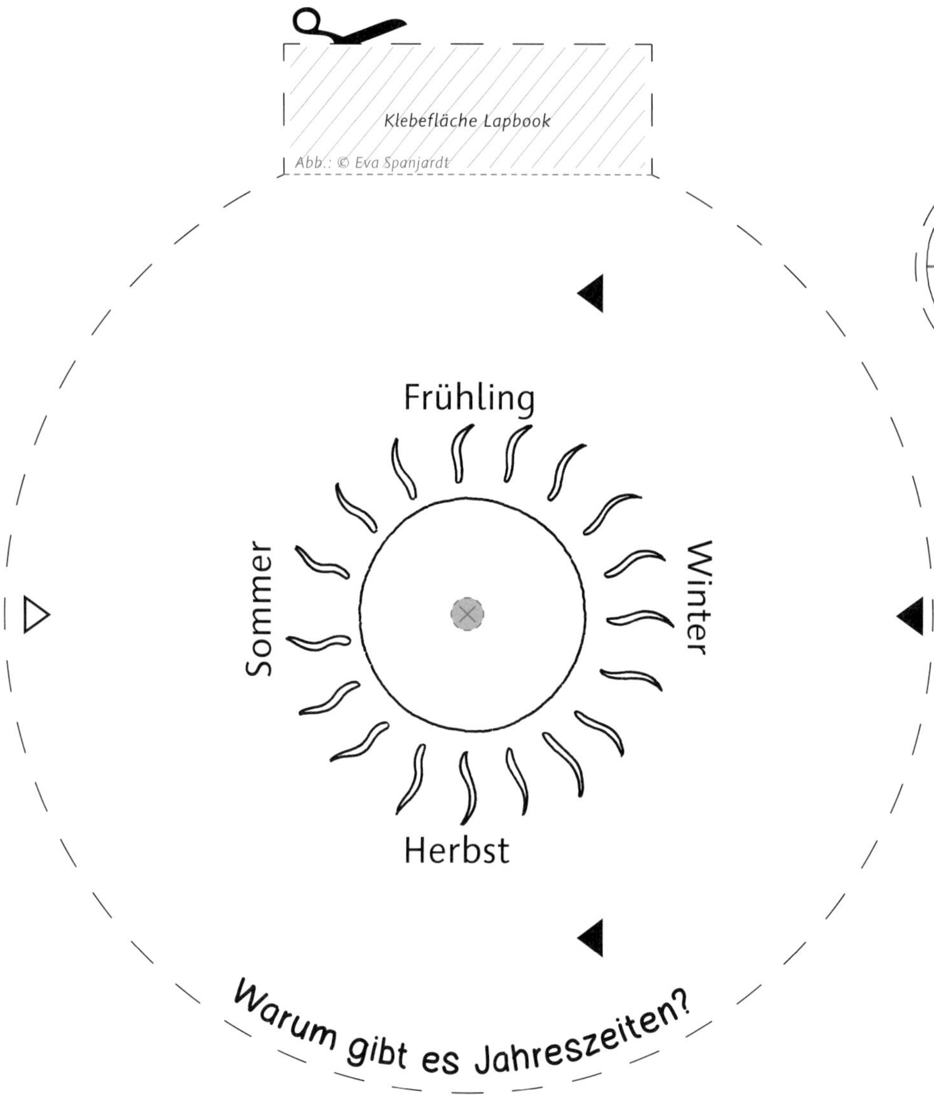

① Schneide die Sonnenvorlage, die Erde und den Streifen aus. Stich die grauen Kreise durch.

② Befestige den Streifen mit der Sonnenseite mit einer Musterbeutelklammer auf der Sonne. Befestige die andere Seite mit einer Musterbeutelklammer unter der Erde.

❸ **Finde heraus, wie die Sonne die Jahreszeiten beeinflusst. Schreibe es auf die Rückseite des Minibuchs (→ Infokarte 20).**

❹ **Zeige und erkläre mit deinem Minibuch die Bewegung der Erde in den verschiedenen Jahreszeiten. Male dazu die Nordhalbkugel farbig. Drehe die Erde immer so, dass die Pfeilspitzen der Erde und die Pfeilspitzen der Sonnenvorlage zueinanderzeigen (▷◁ und ▶◀).**

⑤ Falte die Klebefläche des Minibuchs nach hinten. Klebe das Minibuch damit auf dein Lapbook.

Mein Kalender- und Jahreskreis-Quiz

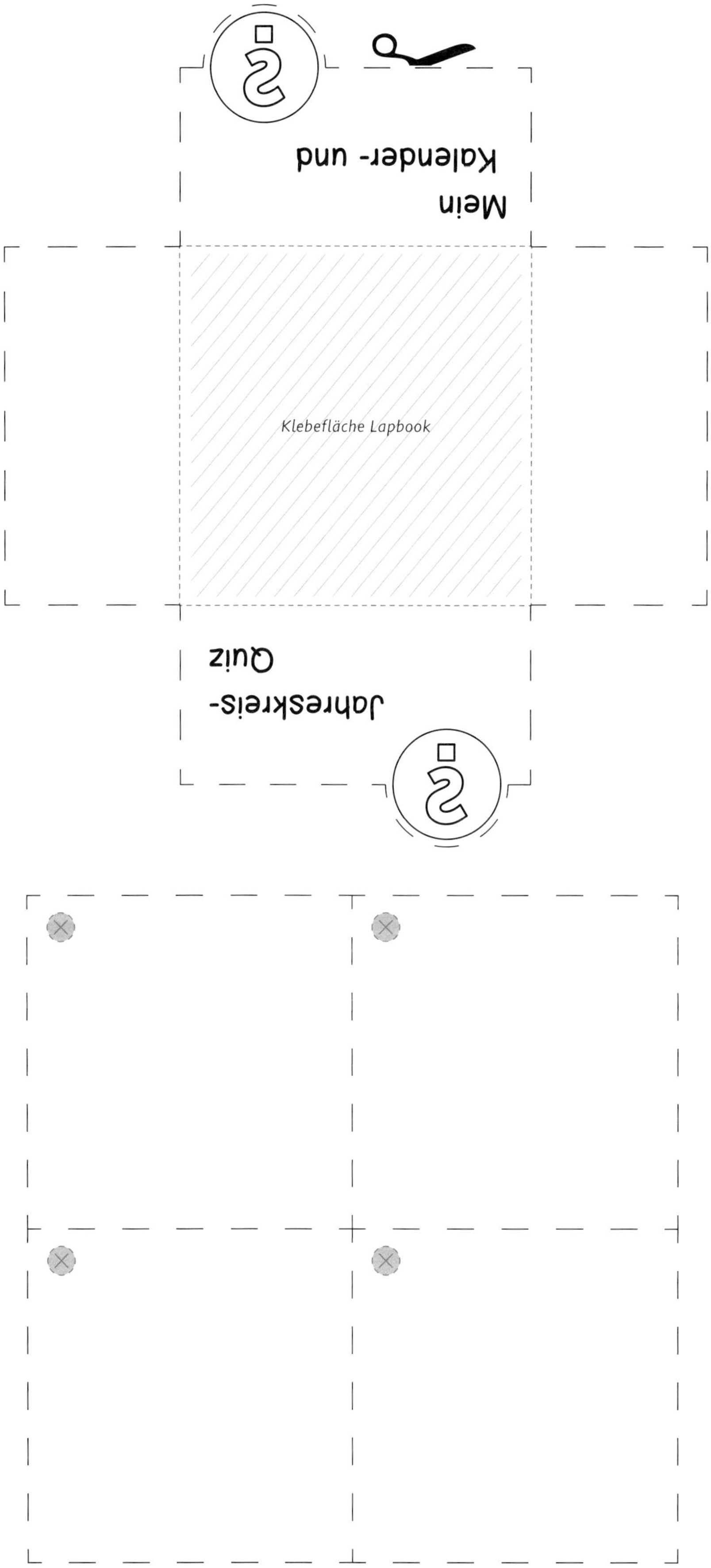

Tasche:

① Schneide aus.
② Falte die Seiten zur Mitte.
③ Falte die Klappen mit den Fragezeichen darüber. Stecke die Seiten ineinander, sodass du beide Fragezeichen siehst.
④ Klebe die Tasche mit der Klebefläche auf dein Lapbook.

Quiz-Karten-Fächer:

① Schneide aus.
② Stich die Punkte durch.
③ Lege die Karten aufeinander. Verbinde sie mit einer Musterbeutelklammer.
❹ **Überlege dir Fragen zum Kalender und zum Jahreskreis. Schreibe immer eine Frage auf eine Karte. Schreibe die Antwort auf die Rückseite.**
⑤ Du hast noch mehr Fragen? Schneide weitere Karten aus.
⑥ Stecke die Karten in die Tasche.

Medientipps

Weitere Lapbooks und Bücher von Doreen Blumhagen:

Lapbooks im Grundschulunterricht.
Verlag an der Ruhr, 2018.
ISBN 978-3-8346-3790-1

Mein ABC-Lapbook.
Verlag an der Ruhr, 2018.
ISBN 978-3-8346-3792-5

Mein Lesetagebuch-Lapbook.
Verlag an der Ruhr, 2017.
ISBN 978-3-8346-3695-9

Mein „Das bin ich!"-Lapbook.
Verlag an der Ruhr, 2016.
ISBN 978-3-8346-3117-6

Mein Grundschulzeit-Lapbook.
Verlag an der Ruhr, 2017.
ISBN 978-3-8346-3580-8

Mein „Hier lebe ich"-Lapbook.
Verlag an der Ruhr, 2017.
ISBN 978-3-8346-3696-6

Mein Kirchenjahr-Lapbook.
Verlag an der Ruhr, 2018.
ISBN 978-3-8346-3793-2

Mein Weihnachts-Lapbook.
Verlag an der Ruhr, 2016.
ISBN 978-3-8346-3199-2

Mein 1·1- und 1:1-Lapbook.
Verlag an der Ruhr, 2018.
ISBN 978-3-8346-3902-8

Mein Uhrzeiten-Lapbook.
Verlag an der Ruhr, 2018.
ISBN 978-3-8346-3903-5

Weiterführende Literatur:

Muus, D.-C.; Saam, M.:
Werkstatt kompakt. Der Kalender. Kopiervorlagen mit Arbeitsblättern.
Klasse 1–2. Verlag an der Ruhr, 2015.
ISBN 978-3-8346-2972-2

Frechen, B.; Schößler, S.:
Kompetenzen erwerben im Sachunterricht. Die Winter-Werkstatt.
Klasse 1–2. Verlag an der Ruhr, 2009.
ISBN 978-3-8346-0550-4

Frechen, B.; Schößler, S.; Willmeroth, S.:
Kompetenzen erwerben im Sachunterricht. Die Frühlings-Werkstatt.
Klasse 1–2. Verlag an der Ruhr, 2010.
ISBN 978-3-8346-0620-4

Proßowsky, Petra:
Mit Yoga durch das Grundschuljahr. Yogaübungen mit Monatsversen und Bewegungsgeschichten für den Anfangsunterricht.
Klasse 1–2. Verlag an der Ruhr, 2014.
ISBN 978-3-8346-2506-9

Häfele, Alexander:
Landart für Kinder. Mit Natur-Kunst durch die Jahreszeiten.
Klasse 1–6. Verlag an der Ruhr, 2011.
ISBN 978-3-8346-0788-1